汽车行业质量管理实用指南系列

产品质量先期策划（APQP）
实用指南

王海军　编著

机 械 工 业 出 版 社

本书从产品质量先期策划（APQP）的概况引入，介绍 APQP 在汽车零部件项目的设计开发中的运用，对 APQP 每个阶段的输出进行详细说明。本书深入浅出地对 APQP 的背景、应用意义以及基本原则等进行描述后，列举了两个程序文件案例，对各阶段的输出进行详细的分析解读。通过本书提供的案例，读者可直观、快速地理解 APQP 的流程，轻而易举地运用到新项目的开发。

　　本书的主要内容包括概述，程序文件案例，计划和确定项目，产品设计和开发，过程设计和开发，产品和过程的确认，反馈、评定和纠正措施。

　　本书的案例具体实用，可供汽车零部件企业的策划人员和开发人员借鉴，也可供其他行业质量管理、项目管理、工程管理人员及大中专院校师生参考。

图书在版编目（CIP）数据

产品质量先期策划（APQP）实用指南／王海军编著.
—北京：机械工业出版社，2018. 11（2025. 3 重印）
（汽车行业质量管理实用指南系列）
ISBN 978－7－111－61453－1

Ⅰ.①产…　Ⅱ.①王…　Ⅲ.①汽车-产品质量-质量
管理-中国-指南　Ⅳ.①F426. 471-62

中国版本图书馆 CIP 数据核字（2018）第 267350 号

机械工业出版社（北京市百万庄大街 22 号　邮政编码 100037）
策划编辑：母云红　　　　　　责任编辑：母云红　张丹丹
责任校对：刘志文　张　薇　　责任印制：单爱军
北京虎彩文化传播有限公司印刷

2025 年 3 月第 1 版第 10 次印刷
184mm×260mm · 13. 75 印张 · 273 千字
标准书号：ISBN 978－7－111－61453－1
定价：59. 00 元

凡购本书，如有缺页、倒页、脱页，由本社发行部调换
电话服务　　　　　　　　　　网络服务
服务咨询热线：010-88361066　　机工官网：www.cmpbook.com
读者购书热线：010-68326294　　机工官博：weibo.com/cmp1952
　　　　　　　010-88379203　　金书网：www.golden-book.com
封面无防伪标均为盗版　　教育服务网：www.cmpedu.com

　　党的十九大做出了"我国经济已由高速增长阶段转向高质量发展阶段"这一历史性论断。国内汽车行业自主品牌迎来高质量发展的时代。质量源于设计的理念已深入汽车零部件制造商，汽车零部件开发项目注重开发阶段的质量识别与分析，避免后期更改所造成的损失。APQP 为汽车零部件项目策划提供指南，体现了项目管理在汽车领域中的应用。

　　APQP 为 Advanced Product Quality Planning 的英文缩略语，译为产品质量先期策划。APQP 是美国克莱斯勒、福特和通用三大汽车公司开发的，为汽车零部件供应商制订产品质量计划提供了指南。APQP 支持 IATF 16949 标准的要求，除顾客有特殊要求外，它是汽车零部件供应商广泛采用的工具和方法，目的是满足顾客要求、需要和期望。若是美国三大汽车公司的供应商，在进行产品质量策划时必须采用 APQP。

　　APQP 名为产品质量先期策划，实际意义在于质量策划的循环，一个项目量产后，并不意味着项目的结束，在总结经验教训的基础上进入下一个策划，即一个循环的完成即进入另一个循环。产品质量策划的循环表明对持续改进永无止境的追求。

　　APQP 是项目管理在汽车领域中的具体应用。对于汽车零部件供应商而言，将汽车零部件的开发按项目管理模式进行管理。项目管理的对象是成本、质量、时间和范围等，APQP 将这些要素进行揉合与平衡，运用系统工程的思想和项目管理的方法和技术，以确保项目成功。

　　APQP 分为五个阶段，即计划和确定项目，产品设计与开发，过程设计与开发，产品与过程的确认，反馈、评定和纠正措施。本书介绍的程序文件案例和编排，参照 APQP 五个实施阶段的顺序，但要注意的是各个过程在时间上会有重叠，这一点体现了同步工程；反馈、评定和纠正措施贯穿产品质量策划的始终，以便在任何时候发生问题时及时得到纠正。

　　通过 APQP 的实施，组织将从中得到经验、教训，获得知识。这些知识可用于新项目的借鉴，员工的学习和交流，对避免失效的重复出现、降低开发风险、节约开发成本、提高开发效率是非常有益的。APQP 文件对于组织知识的积累具有很重要的价值和意义，为项目实现和有效的过程控制与改进提供足够的依据，还为组织保留了历史经验数据。

　　本书从 APQP 的概况引入，介绍 APQP 在汽车零部件项目的设计开发中的运用，对 APQP 每个阶段的输出进行详细说明。本书深入浅出地对 APQP 的背景、应用意义以及基本原则等进行描述后，列举了两个程序文件案例，对 APQP 各阶段的输出进行详细的分析解读。通过本书提供的案例，读者可直观、快速地理解 APQP 的流程，轻而易举地运用到新项目的开发。

APQP 实施过程中，切忌不要生搬硬套本书的内容，APQP 每个阶段的输出和先后顺序也不是固化统一的。因为各个企业、各个项目的产品特性和过程控制方式不同，所以一定要理解透彻 APQP 的内容，根据企业和项目的实际情况来运用。

本书分为 7 章。第 1 章对 APQP 进行了总体的描述，介绍 APQP 的背景与历史、目的与作用、理解要点、基本原则和五个阶段。第 2 章介绍了质量体系文件与程序文件的概念、APQP 的过程，提供了两个程序文件案例。第 3 章 ~ 第 7 章详细介绍了 APQP 五个阶段的内容，并给出了案例。附录部分为 IATF 16949 术语、APQP 术语、控制图常数和公式，以及 APQP 常用缩略语，以便读者速查。

本书使用了部分克莱斯勒、福特和通用汽车公司的 APQP、PPAP、FMEA、SPC 和 MSA 五大手册提供的标准表格和填写说明，在此向手册的发布方表示感谢。

本书在编写过程中，参考了大量的书籍与资料，参考文献中未能一一列出，在此向各位作者表示感谢！感谢 AI《汽车制造业》执行主编龚淑娟女士给予的支持与帮助。感谢我的家人，他们对于本书的编写给予了大力支持。特别感谢我的夫人，她是我强有力的后盾，本书脱稿时，儿子刚满 1 周岁 5 个月，她担负了更多的家庭负担，才让我在工作之余完成了本书的编写。

由于编者水平有限，书中错漏和不当之处恳请读者批评指正。

编　者

目　录

Contents

前　言

第 2 章
程序文件案例

第 3 章
计划和确定项目

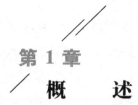

产品质量先期策划（APQP）是美国汽车工业行动集团（AIAG）提供给供应商在研发新产品时的一种结构化的方法，用来确定和制订确保某产品使顾客满意所需的步骤，是项目管理在汽车领域中的具体应用，是汽车零部件供应商项目开发与管理广泛采用的工具和方法。

1.1　APQP 的背景与历史

1.1.1　APQP 与 IATF 16949

APQP 是 IATF 16949 的一部分，支持 IATF 16949 标准的要求。IATF 16949：2016 第 8.3 章节"产品和服务的设计和开发"规定：组织应建立、实施和保持设计和开发过程，以确保后续的产品和服务的提供。第 8.3.2.1"设计和开发策划"中的补充条款，要求使用项目管理工具 APQP 或 VDA-RGA。APQP 与 IATF 16949 的关系如图 1-1 所示。

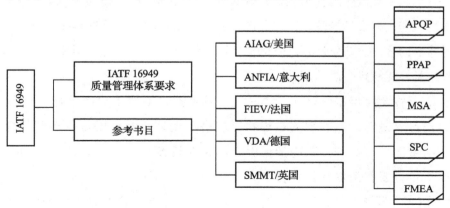

图 1-1　APQP 与 IATF 16949 的关系

IATF 16949 是衡量汽车制造行业企业质量管理水平的标准，其标准名称是《汽车质量管理体系标准—汽车生产件及相关服务件组织的质量管理体系要求》，它是一套能满足各大汽车整车厂要求、国际通用的汽车行业质量体系标准，适用于全球汽车制造业。

2002 年 4 月 24 日，福特、通用和克莱斯勒三大汽车制造商在美国密歇根州底特律市召开了新闻发布会，宣布对供应厂商要采取统一的质量体系规范，这个规范就是 ISO/TS 16949。ISO/TS 16949 是国际标准化组织（ISO）公布的一项汽车行业性的质量体系要求，是以 ISO 9001 为基础的国际汽车行业的技术规范。它由国际汽车工作组（International Automotive Task Force，IATF）通过对三个欧洲规范 VDA（德国）、AVSQ（意大利）、EAQF（法国）和 QS-9000（北美）进行协调，在与 ISO 9001 标准结合的基础上，在 ISO/TC 176 的认可下制定的。IATF 16949 标准由 TSO/TS 16949 迁移而来，并替代原有的 ISO/TS 16949 技术规范。

2016 年 10 月，IATF 正式发布汽车行业新版质量管理标准 IATF 16949:2016。

IATF 16949 连同适用的汽车顾客特定要求、ISO 9001:2015 要求以及 ISO 9000:2015 一起定义了对汽车生产件及相关服务件组织的基本质量管理体系要求。IATF 16949:2016 不能被视为独立的管理体系标准，必须当作 ISO 9001:2015 的补充，并与 ISO 9001:2015 结合使用。

IATF 16949 标准适用于整个汽车制造业生产零部件与服务件的供应链，包括汽车制造厂。国内大多数汽车制造厂商强制要求其各级供应商通过 IATF 16949 的认证，可见汽车零部件制造企业通过 IATF 16949 认证，已成为进入汽车制造业市场的一张入场券。汽车零部件制造企业如没有得到 IATF 16949 的认证，也将意味着失去作为汽车整车厂供应商的资格。

1.1.2　质量源于设计的理念

20 世纪 70 年代，丰田汽车为提高汽车质量提出了质量源于设计（Quality by Design，QbD）的相关理念，使控制质量理论从检验决定质量和生产决定质量逐步向设计决定质量的理论发展。对产品质量问题的根本原因进行分析，发现 54% 的质量问题源自研发阶段；若在开发阶段发现问题进行设计更改，比在量产后更改所发生的费用要低得多。质量是指一组固有特性满足要求的程度，在设计开发阶段把这些特性进行分解转化，形成预期目标值，实现生产出低成本且性能稳定可靠的产品。

设计包括产品设计与过程设计，产品设计就是按预期要求对产出物（产品）进行设计，而过程设计就是对产品实现的过程和工艺进行设计。设计质量包括两层含义：一是设计目标的质量，即产品和过程与期望要求的符合程度；二是设计的工作质量，即为满足设计目标所进行工作活动的符合程度。

APQP 为汽车零部件产品和过程的设计与开发定义了结构化的方法与步骤，是质量源于设计理念的体现。

1.1.3　APQP 与项目管理

从多家媒体得知，汽车整车所有零部件总和超过两万个，这些零部件大部分由汽车零部件供应商提供。当供应商在开发汽车零部件时，要确保每种零部件产品研发的进度，使每项工作都能顺利有序地进行，在各阶段各种资源能够得到合理有效的配置，质量能够达到预期目标。实现项目成功三要素，即时间、成本和质量的平衡，汽车零部件产品的开发需要科学的方法，以项目管理方法进行管理。

美国项目管理协会（PMI）将项目定义为：项目就是为提供某种独特产品或服务所做的一次性的努力。项目管理是为了满足或超过项目有关各方对项目的需要和期望，运用有关知识、技能、方法与工具，所开展的项目起始、计划、组织、控制和结束的管理活动。

项目不同于日常运营，项目与日常运营及管理的主要区别如下：

（1）项目与日常运营的主要区别　项目是在相对开放和不确定的环境下开展的独特性、一次性活动。日常运营是在相对封闭和确定的环境下开展的重复性、周而复始的和持续性的活动。

（2）项目管理与日常运营管理的主要区别　项目管理的对象是一个或多个项目，是面向任务和过程的，项目生命周期相对是比较短暂的。日常运营管理的对象是企业生产和运营的决策、实施与控制，是面向部门和程序化工作的，而且日常运营的周期是相对长远的。

APQP 是项目管理在汽车领域中的具体应用。APQP 是 AIAG 提供给供应商在研发新产品时的一种结构化的方法，用来确定和制订确保某产品使顾客满意所需的步骤。其目标是促进所涉及的人员之间的沟通，以确保所有要求的步骤按时完成。它针对具体产品，包括从产品概念的确定、产品设计、过程开发、试生产到生产，以及全过程中的信息反馈、纠正和持续改进活动。

1.1.4　AIAG 的五大工具

产品质量先期策划（Advanced Product Quality Planning，APQP）程序是 IATF 16949 的一部分，是设计和开发策划非常有效的工具，属于 AIAG 的五大工具（APQP、PPAP、FMEA、SPC、MSA）之一。汽车零部件新产品项目的开发，若顾客没有要求，一般按 APQP 进行，期间会应用到 FMEA、SPC、MSA 工具，最后整理 PPAP 文档，供内外部项目相关方评审，并提交顾客批准。APQP 与 PPAP、FMEA、SPC、MSA 的关系如图 1-2 所示。

1）APQP 是产品和过程设计与开发的一种结构化方法，用来确定和制订确保某产品使顾客满意所需的步骤，它针对具体产品或项目，

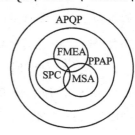

图 1-2　五大工具的关系

包括从产品概念的确定、产品设计、过程开发、试生产到生产，以及全过程中的信息反馈、纠正和持续改进活动。APQP 分为五个阶段（过程），分别是计划与确定项目，产品设计与开发，过程设计与开发，产品与过程的确认、反馈、评定和纠正措施。

2）统计过程控制（Statistical Process Control，SPC）是一种制造过程控制方法，利用统计的方法来监控制造过程的状态，确定生产过程在管制的状态下，以降低产品品质变异。将制造中的控制项目依其特性收集数据，使用控制图等统计技术来分析制造过程能力，找出这些特性变差的大小和原因，以便采取适当的措施，从而提高或改进制造过程能力。

3）测量系统分析（Measurement System Analysis，MSA）指通过数理统计和图表的方法对测量系统的分辨率和误差进行分析，以评价整个测量系统的测量能力是否满足被测量的特性值。测量系统是用来对被测特性定量测量或定性评价的设备或量具、标准、操作、程序、方法、检具、软件、人员、环境和假设的集合，用来获得测量结果的整个过程。测量系统分析可分为计量型和计数型两类。计量型测量系统分析通常包括稳定性、偏倚、线性、重复性、再现性（即五性）的分析、评价，计数型测量系统分析一般从一致性比率和 Kappa 值方面进行分析。

4）潜在失效模式和效果分析（Failure Mode and Effects Analysis，FMEA）是一个以预防为主的"事前的行为"，而不是"事后的行为"。它是在产品和过程的设计前，对产品及产品的子系统、零部件以及制造过程的每个工序进行分析，找出所有潜在的失效模式，并分析可能出现的后果和影响，从而预先采取必要的预防措施，避免或减少这些潜在失效的发生，以提高产品的质量和可靠性的一种系统化归纳分析方法。FMEA 通常分为三类：系统失效模式及后果分析（SFMEA）、设计失效模式及后果分析（DFMEA）和过程失效模式及后果分析（PFMEA）。

5）生产件批准程序（Production Part Approval Process，PPAP）是指将使用正式生产设备、工装模具、原材料、生产工艺、操作者和量具由操作者在生产现场生产制造出来的零部件和相关的文件、记录提交顾客，并由顾客进行评审和批准的过程。向顾客提交的 PPAP 文件视为供应商对顾客的质量保证，等同于质量保证协议的效力。

PPAP 用来确定供应商是否已经正确理解并满足顾客工程设计记录和规范的所有要求。检验供应商是否具有量产供货能力，满足顾客质和量的要求，能够持续稳定地按规定的生产节拍为顾客提供合格产品。

在进行 APQP 时，第二阶段要进行 DFMEA，第三阶段要进行 PFMEA，第四阶段要使用 SPC、MSA，并进行 PPAP。如果把 APQP 看作是一个过程，PPAP 则可看作是一个结果，FMEA、SPC、MSA 是质量管理的工具。APQP 各阶段与 FMEA、SPC、MSA、PPAP 的关系如图 1-3 所示。

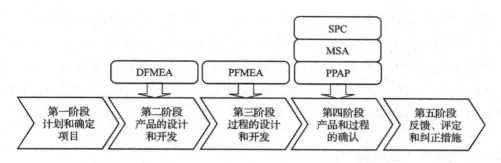

图 1-3　APQP 各阶段与 FMEA、SPC、MSA、PPAP 的关系

1.1.5　APQP 版本

至目前为止，APQP 发布了两版，第一版于 1994 年 6 月发布，第二版于 2008 年 7 月发布。第二版于 2008 年 11 月 1 日生效，除顾客特别说明外，APQP 第二版生效后取代第一版。

第二版与第一版的主要变化如下：

1）强调以顾客为中心的过程方法。

2）对术语进行了更新，将 APQP 的术语与 16949 和克莱斯勒、福特和通用汽车的其他核心工具的术语相统一。

3）强调对顾客的特殊要求进行适当参考。

4）强调管理者的支持。

5）细化了 APQP 的输入和输出。

6）强化了检查表的应用，以更有效地确认 APQP 进度的准确完成。

7）强调经验的积累与知识的储备和运用。

1.2　APQP 的目的与作用

1.2.1　确保项目成功

APQP 是一种结构化的方法，用来确定和制订确保某产品使顾客满意所需的步骤。目标是促进所涉及人员之间的沟通，以确保所有要求的步骤按时完成。国内汽车行业自主品牌迎来高质量发展时代，质量源于设计的理念已深入汽车零部件制造商。汽车零部件开发项目注重开发阶段的质量识别与分析，避免后期更改所造成的损失。APQP 为汽车零部件项目开发质量管理提供指南，体现了项目管理在汽车领域中的应用。

汽车零部件开发项目以汽车整车为平台，一般要求与整车厂同步开发，体现同步工程。目前，大多数汽车整车厂与供应商进行同步开发模式，产品开发过程中，汽车零部件供应商应提供工程支持和设计输入，按要求参加供应商开发会议和设计评审会议，在不能满足要求的情况下，供应商应与整车厂一起解决问题。当整车厂顾客有要求时，供应商应选派有能力的人员到整车厂现场支持整车项目，协助解决与供应商零部件相关的问题。APQP 工作日程与汽车整车厂汽车开发的大日程一致，满足顾客的期望与需求，确保零部件产品项目的成功。

1.2.2　持续改进产品质量

持续改进就是连续不断地改进、完善与提高。改进是无止境的，涉及组织的全员、生产经营每个环节、每个要素连续不断地改进。影响产品质量的因素在变化，顾客的需求和期望也在变化，组织应不断改进其产品质量和工作质量，提高质量管理和过程的效果和效率，从而使企业质量水平不断提高，满足顾客和其他相关方日益增长的和不断变化的需求与期望。

APQP 的核心是持续改进，不断提高顾客满意度。改进以不断获取经济的方式实现，一个项目的产品质量策划结束，将在项目获取的经验应用到下一项目。产品质量策划将计划、实施、研究、行动循环进行，永无止境地持续改进。

1.2.3　知识的积累

知识经济时代，以信息和知识的大量生产和传播为主要特征。企业知识积累的程度和水平体现了企业的软实力，企业知识的积累提升了企业核心竞争力。对于项目，无论成功还是失败，组织都会从中得到经验、教训，获得知识。在 APQP 中，将获得的内部和外部知识、项目总结的经验和教训进行归档保存。这些知识可用于新项目的借鉴、新员工的学习和交流，对避免失误的重复出现、降低开发风险、节约开发成本是非常有益的。

通过 APQP 的实施，输出的 APQP 文件和记录对于组织知识的积累具有很重要的价值和意义，为项目实现和有效的过程控制与改进提供足够的依据，还为组织保留了历史经验数据。

1.2.4　APQP 的益处

汽车零部件供应商新产品开发实施 APQP 有如下益处：

1）引导资源实现质量目标，使顾客满意，保证产品的市场。

2）将需要开展的工作做得细致和充分，促使早期识别质量问题而采取有效的预防措施。

3）增强预防性工作，避免后期更改造成损失。

4）提升工作效率缩短研发周期，以最低的成本及时提供优质产品。

1.3 APQP 的理解要点

1.3.1 APQP 循环

APQP 不因产品和过程的确认，项目移交生产就结束，实际意义在于质量策划的循环。一个项目经过计划、实施、研究和行动之后达产，项目达产后，转入公司日常运营各程序管理，并跟踪项目移交后的情况，对内部和外部的反馈信息分析总结，并积累经验知识，为下一个项目提供借鉴。这样就完成了一个 APQP 循环，并得到一定的提升，在此基础上进入下一个策划，即一个计划、实施、研究和行动循环的完成意味着进入另一个计划、实施、研究和行动，循环往复，永无止境。

图 1-4 所示为产品质量策划循环图。各个不同的阶段按次序排列，表示为完成各项任务的有序过程。产品质量策划循环的目的强调前期策划和实施行动。循环的计划、实施和研究为前期产品质量策划阶段；循环的行动为输出评价阶段，实施行动的重要性表现在，一是决定顾客是否满意，二是支持追求持续改进。

APQP 循环是 PDSA 循环（戴明环）在汽车零部件新产品项目开发管理中的具体运用，产品质量策划循环表明对持续改进永无止境的追求、对顾客满意度不断的提升。

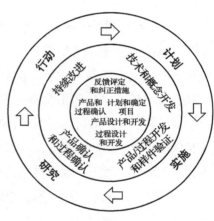

图 1-4 产品质量策划循环图

1.3.2 APQP 的责任范围

表 1-1 所示的矩阵对三种类型的组织描述了产品质量策划的功能，帮助组织确定产品质量策划的责任范围。此矩阵只是对三种基本的组织类型进行了描述，对于包含其他可能存在于组织、供应商和顾客之间有约定的质量策划关系的类型，按具体情况确定策划的责任范围。

表 1-1 产品质量策划责任矩阵

组织类型	有设计责任	仅限制造	服务的供方
定义范围	√	√	√
策划和定义项目	√		
产品设计和开发	√		
可行性	√	√	√
过程设计和开发	√	√	√
产品和过程确认	√	√	√
反馈评定和纠正措施	√	√	√
控制计划方法论	√	√	√

对于汽车零部件制造企业，根据其所承担的项目进行分类，组织的基本类型一般分为以下三种：

1）有产品设计责任，责任范围包括产品设计和开发、过程设计和开发、生产、交付和服务。

2）无产品设计责任，只按照顾客提供的图样进行过程的设计和开发、生产、交付和服务。

3）只向顾客提供某种服务，如热处理、储存和运输等。这类组织也需要进行过程的设计和开发，并提供服务。

1.3.3 APQP 防错

IATF 16949:2016 第 6. 1. 2. 2 预防措施条款："组织应确定并实施措施，以消除潜在不合格的原因，防止不合格的发生。预防措施应与潜在问题的影响程度相适应"。潜在不合格的原因是指失效尚未发生，但有可能发生的原因。事先对这些原因进行识别、分析，并采取必要措施，以预防不合格事件的发生。

预防是一种事前行为，对于识别、分析的可能失效事前采取措施预防，提高产品或过程的可靠性，使产品和过程在最容易和最低成本的情况下进行生产和运行，更大程度地降低后期更改风险，及时为顾客提供更优质的产品。

APQP 整个过程贯穿着预防错误的思想，随着 APQP 进程推进，项目的任何工作任务都必须考虑潜在的失效与风险，采取必要的预防措施和方法，将风险降至最低。图 1－5 所示为 APQP 防错示意图。

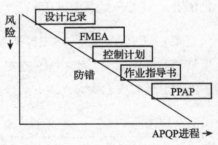

1.3.4 APQP 的时机

汽车零部件企业有下列两种情况可使用 APQP：

1）新产品开发时。

2）有设计变更或制造过程变更时。

1.3.5 APQP 的输入与输出

图 1－5 APQP 防错示意图

输入是一个过程活动所需要的信息和实物等依据，如文件、标准、材料、3D 数据和计划等。输出是一个过程活动的结果，如工程图样、产品、文件和服务等。

APQP 手册描述有 49 项输入和输出，但每一项输入和输出都是建议性的，并无强制要求。

1）APQP 的输入和输出根据项目产品、过程和顾客要求和期望，其适用性是不同的，可进行删减。

2）针对质量体系标准 IATF 16949 中的要求，必须输入或输出。

3）APQP 的输入和输出，不限于 APQP 手册描述的输入和输出，根据具体项目特点和顾客的要求，其输入和输出会有差别，可扩充或删减。

4）APQP 的输入和输出之间并不必须是一一对应的关系，一项输入可以有几项输出，几项输入可只有一项输出。

5）当 APQP 实施时，尽管 APQP 的输入和输出是建议性的，但 APQP 的实施步骤必须遵循。

1.4 APQP 的基本原则

1.4.1 组建小组

产品质量的第一步是指派一名 APQP 项目负责人（或项目经理、项目组长），同时建立多功能小组，以保证有效的产品质量策划。多功能小组也可称为横向职能小组、多方论证小组、多功能小组、项目小组和 APQP 小组等，多功能小组应由工程技术、生产制造、物料控制、质量、采购、销售、现场服务、人力资源、供方和顾客代表等各方人员组成，APQP 将由多功能小组来完成。

1.4.2 确定范围

项目范围包括项目产出物的范围和项目工作范围，项目产出物的范围是指最终项目成果所包含的全部可交付物的范围，项目工作范围是指为实现项目目标和项目产出物所开展的全部项目工作的范围。项目的成功依赖于对顾客需要的满足，向顾客提供有竞争力的产品或服务，因此多功能小组在产品项目的最早阶段就要识别顾客的需求、期望和要求，确定项目范围。项目范围的确定多功能小组最少必须从以下方面考虑：

1）选定项目小组负责人负责监督管理整个策划过程。项目负责人可根据具体的工作需要在不同阶段轮流担任，这样对工作可能更为有利。

2）确定各方代表的角色和职责。

3）识别外部顾客和内部顾客。

4）确定顾客的要求（如适用，可使用 QFD 工具）。

5）确定多功能小组的职能及小组成员，确认哪些个人或供方必须加入小组，哪些个人和供方可以不加入。

6）理解顾客的期望，如设计、试验次数。

7）对所提出来的设计、性能要求和制造过程进行可行性分析和评定。

8）确定成本、时间进度和必须考虑的限制条件。

9）确定项目需要顾客协助的工作。

10）确定文件化的过程和方法。

1.4.3　小组间的沟通

在项目中，沟通是十分重要的。沟通使沟通的双方能够相互理解，满足项目对于信息资源的需求，从而使项目组织或团队更加合理有效地开展工作。据哈佛商学院统计，项目经理们有90%以上的时间在做沟通和沟通管理工作。

沟通的方式主要有口头沟通、书面沟通、会议沟通、非语言沟通和电子媒介沟通，其中会议沟通是最重要的沟通方式。

小组间的沟通是指多功能小组必须同其他顾客与组织小组建立沟通联系的渠道，这可以包括与其他组织小组举行定期会议。小组与小组的联系程度取决于需要解决问题的数量。

1.4.4　培训

培训是学习知识的重要途径。APQP 的成功依赖于有效的培训，它传授所有满足顾客需要和期望的要求及开发技能。

项目的培训大多是对于具体项目特性的专项培训，包括专业技能方面的培训和基本素质培训。通过培训可以提高人员的综合素质、技能和绩效，提高工作的满意程度，从而使项目组织更及时有效地完成项目工作，满足顾客的需求与期望。

培训的方法主要有讲授法、演示法、研讨法、视听法、角色扮演法和案例分析法等。

1.4.5　顾客和组织的参与

组织与顾客是相互依存、共享利益的关系，这种关系可增强双方创造价值的能力。供应商提供给项目的资源将对项目质量产生重要的影响。顾客和供应商参与产品质量策划有利于组织处理好与顾客和供应商的关系，影响到项目成果的满意程度。

必要时，主要顾客可参与产品质量策划。质量策划的过程由组织的横向职能小组进行管理。组织必须要求其供应商进行产品质量策划。

1.4.6　同步工程

同步工程也称为并行工程或同步技术，是集成、并行设计和开发产品及过程的一种系统化方法。同步工程在产品的设计开发阶段，由设计、工艺、质量、采购和市场等相关部门并行工作，面向产品和整个过程，对产品及相关过程进行同步开发的一种工作模式。并行工程的目标是提高质量、降低成本，缩短产品开发周期和产品上市时间。

　　传统的串行工程是基于英国政治经济学家亚当·斯密的劳动分工理论，该理论认为分工越细，工作效率越高。串行工程是把整个产品开发过程细分为很多步骤，每个部门和个人都只做其中的一部分工作，而且是相对独立进行的，工作做完以后把结果交给下一部门，西方把这种方式形象地称为"抛过墙法"。串行工程示意图如图 1-6 所示，串行工程工作模式如图 1-7 所示。

图 1-6　串行工程示意图

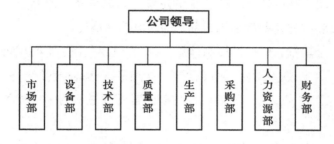

图 1-7　串行工程工作模式

　　并行工程强调面向产品和整个过程，要求产品设计人员在设计时不仅要考虑设计，还要考虑这种设计的工艺性、可制造性、可装配性和可维修性等；工艺部门的人员也要考虑其他过程。并行工程并不追求哪个部门的工作最优，而是要达到整个项目和整体的最优。需要注意的是，并行工程强调各种活动并行交叉，在各种活动之间要有信息来往，通过各种信息的传递，使各活动责任部门进行有效沟通。尽管并行工程强调活动并行交叉，但产品开发仍然有先后顺序，不可能违反产品开发过程必要的逻辑顺序和规律，不能取消或越过任何一个必经的阶段，而是在充分细分各种活动的基础上，找出各活动之间的逻辑关系，将可以进行交叉的活动尽量并行交叉进行。并行工程示意图如图 1-8 所示，并行工程工作模式如图 1-9 所示。

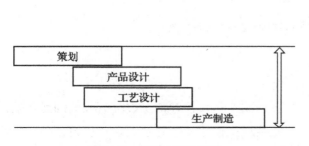

图 1-8　并行工程示意图

图 1-9　并行工程工作模式

　　同步工程（SE）是横向职能小组为达到共同目标而努力工作的方法，在一个时间上，同时进行产品及过程的设计和开发工作，它将替代逐级转换的工程技术实施过程的各个阶段，以确保可制造性并缩短开发周期、降低开发成本。同步工程的目的是尽早促进优质产品的引入，使高质量产品早日实现量产。项目的横向职能小组要确保其他领域或小组的计划和执行活动支持共同目标。如，在 APQP 第一阶段项目批准后即同时进行产品的设计与开发和过程的设计与开发，大多数汽车整车厂与供应商也进行同步设计开发模式。

1.4.7　控制计划

　　控制计划是企业质量管理体系不可缺少的一部分，也是 APQP 的重要输出。控制计划是一种结构化的方法，用于零部件和过程的整个体系，可以帮助企业制造出更优质的产品。控制计划提供了使产品和过程变差最小化的系统的书面总体描述。

　　控制计划包括三个阶段，即样件控制计划、试生产控制计划和生产控制计划。

　　（1）样件　在样件制造过程中，对样件的尺寸测量、材料和性能试验做出的书面描述。

　　（2）试生产　在样件完成后、全面生产之前，对所要进行的尺寸测量、材料和性能试验做出的书面描述。

　　（3）生产　在大批量生产过程中，对产品和过程的特性、过程控制、试验和测量系统做出全面系统的书面描述。

　　在 APQP 进展过程中，第二阶段，产品设计和开发输出样件控制计划；第三阶段，过程设计和开发输出试生产控制计划；第四阶段，产品和过程确认输出生产控制计划。控制计划与 APQP 的关系如图 1-10 所示。

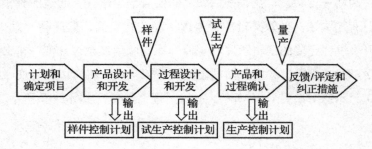

图 1-10　控制计划与 APQP 的关系

1.4.8　问题的解决

　　在 APQP 过程中，项目的多功能小组会遇到产品设计和加工过程有关的问题。这些问题要文件化，记录在有描述规定职责和时间进度的矩阵表上。若遇到困难，建议使用标准化的问题解决方法。当适合使用一些分析技术解决问题时，要使用分析技术。这些分析技术有：

装配产生的变差分析、标杆方法、因果图（鱼刺图）、特性矩阵图、关键路径法、试验设计（DOE）、可制造性和装配设计、设计验证计划和报告（DVP&R）、防错、过程流程图、质量功能展开（QFD）等。

1.4.9　产品质量的进度计划

产品质量策划小组在完成项目组织活动后的第一项工作是安排时间、制订进度计划。当制订进度计划时，要考虑产品的类型、复杂性和顾客的要求与期望，列出任务名称、责任者、时间安排和/或其他事项。多功能小组的每一名成员对进度计划的每项任务、责任、进度的安排上必须意见一致。同时，进度计划应具有跟踪项目进展和制订会议日程的功能。为便于有效地监测和报告项目的进展状况，每项任务应具备计划"开始"和"完成"日期，以及实际完成日期，以起到项目监测的作用，对实际进展脱离计划的任务特别关注，采取措施予以跟进。

1.4.10　与进度图表有关的计划

APQP 进度图表（图 1-11）和产品质量策划循环（图 1-4）要求项目小组尽其全力预防缺陷。缺陷的预防由进行产品设计与开发和过程设计与开发的同步工程来推进。产品质量计划必须满足顾客的要求与期望，项目小组有责任确保项目进度符合或提前于顾客的进度计划。

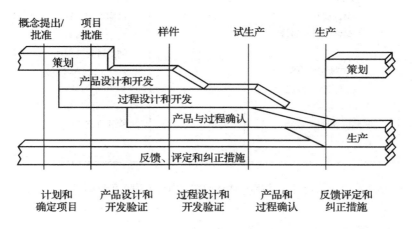

图 1-11　APQP 进度图表

1.5　APQP 的五个阶段

汽车零部件开发项目依据 APQP 方法分为五个阶段或过程（图 1-11），即

第一阶段：计划和确定项目

第二阶段：产品设计和开发

第三阶段：过程设计和开发

第四阶段：产品和过程确认

第五阶段：反馈、评定和纠正措施

五个阶段的前一个阶段的输出是后一个阶段的输入；各个阶段在时间上重叠，体现同步工程。"反馈、评定和纠正措施"贯穿整个项目的始终，在 APQP 的任何阶段发生的需要解决的问题，根据反馈予以纠正解决，并积极不断地持续改进，以增进顾客满意度；并从中吸取教训、积累知识，应用到下一个项目。

1.5.1 计划和确定项目

APQP 第一阶段是计划和确定项目，是项目的初始阶段。这一阶段要对顾客的期望和要求进行识别，进行初步的产品质量策划，确保对顾客的需求和期望有一个明确的了解。对于适用于项目的法律法规、产品实现过程的特殊条件、以往的经验和教训、其他项目相关者的要求都应作为项目的输入进行考虑。第一阶段最终要对项目是否可行做出决策，确定项目范围。APQP 这一阶段的输入与输出如图 1-12 所示。

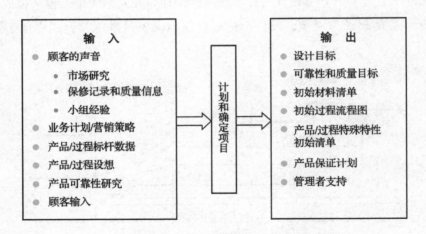

图 1-12 APQP 计划和确定项目的输入与输出

1.5.2 产品设计和开发

在确定项目之后，将进行产品、过程的设计和开发。产品的设计和开发将第一阶段计划和确定项目的输出作为输入，输出分为两大类，产品设计输出和产品质量策划小组的输出，图 1-13 所示为 APQP 这一阶段的输入与输出。

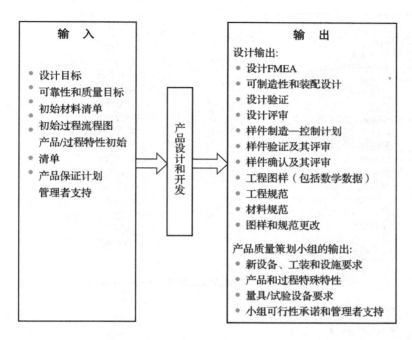

图 1-13 APQP 产品设计和开发的输入与输出

产品设计和开发要完成产品特征和特性的设计，并完成样件的制作与验证。即使产品设计由顾客或部分由顾客进行，项目小组也要充分考虑所有设计要素。一个可行的设计必须满足产量、工期和工程要求，满足质量、可靠性、投资成本、重量、单件成本和时间目标。尽管可行性研究和控制计划主要是基于工程图样和规范的要求，但是从本阶段的分析工具，如 DFMEA 等，也能获取到有价值的信息，以进一步确定和优先考虑产品的特殊特性和过程控制的特性。

产品设计和开发要保证对技术要求和其他有关技术资料进行全面、严格的评审；进行初始可行性分析，以评价产品在制造过程中可能发生的潜在问题。

1.5.3 过程设计和开发

过程设计与开发是为保证开发一个有效的制造系统，建立与其有关的控制计划，从而持续稳定地制造出优质产品，这个制造系统必须保证满足顾客的要求、需要和期望。

过程设计与开发对产品实现过程进行规划与设计，包括 4M1E（人、机、料、法、环）的规划、过程风险的分析和应对、测量系统和过程能力分析计划等。

过程设计与开发可以最早在确立项目后与产品设计和开发同步进行，但必须在产品设计和开发完成后结束，这一阶段的任务完成依赖于成功地完成了前两个阶段。APQP 过程设计与开发的输入与输出如图 1-14 所示。

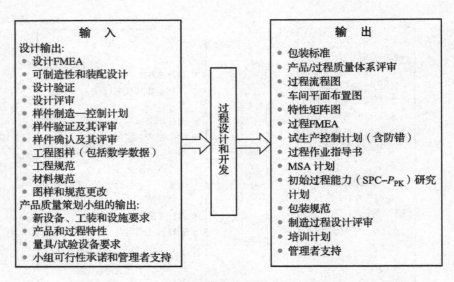

图 1 - 14　APQP 过程设计与开发的输入与输出

1.5.4　产品和过程确认

　　产品与过程确认是通过一定数量的小批量试生产，评价和确认产品的符合性和制造过程的有效性。通过试生产运行，确认产品是否满足顾客的要求，确认生产过程是否遵循控制计划和过程流程图，确认产品设计和加工过程有关的问题是否得到解决。

　　试生产必须在正式工装模具、生产设备、测量系统、人员、环境、生产节拍等要素条件下进行，生产数量一般按顾客计划要求规定，可以超过但不能少于这个数量，一般规定为 1 ~ 8h 的连续生产至少 300 件样品。这一阶段要完成 MSA、PPK（初始过程能力研究）、包装评价和 PPAP 等工作。这一阶段的 APQP 输入与输出如图 1 - 15 所示。

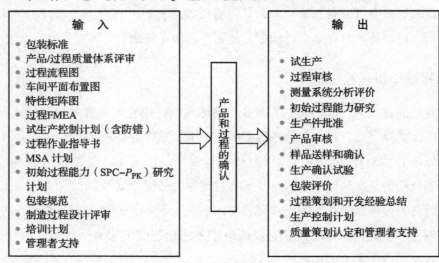

图 1 - 15　APQP 产品和过程确认的输入与输出

1.5.5　反馈、评定和纠正措施

反馈、评定和纠正措施致力于减少变差并持续改进。APQP 第四个阶段结束，项目即可移交生产，但质量策划不因产品和过程的确认、产品量产而终止。在量产阶段，生产控制计划是评价产品和服务的基础和依据，必须对计量型和计数型的数据进行评价，采取克莱斯勒、福特和通用汽车公司的基础 SPC 手册中控制图或其他统计技术，识别过程变差，当出现特殊原因和普通原因变差时，可评价输出，分析原因并采取措施，以减少变差。

这一阶段组织应对质量策划工作进行有效性评价，输出必须满足顾客的所有要求，积极不断地改善产品缺陷，改进交付和服务，以提高顾客满意度。

反馈、评定和纠正措施贯穿 APQP 的全过程，在 APQP 的任何阶段发生需要解决的问题，可根据此阶段的方法，根据反馈予以纠正解决，并从中吸取教训、积累知识，应用到下一个项目。APQP 反馈、评定和纠正措施的输入与输出如图 1-16 所示。

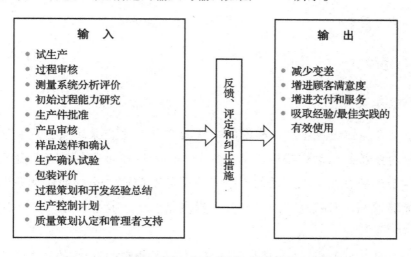

图 1-16　APQP 反馈、评定和纠正措施的输入与输出

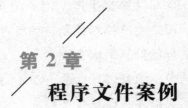

第 2 章
程序文件案例

在质量管理体系中，程序文件是指为完成某项活动所规定的文件化程序，属于质量手册的下一级文件。APQP 过程属于顾客导向过程，其程序文件一般按有无设计责任进行区分与设计。

2.1 质量与程序文件

2.1.1 质量体系文件

质量体系文件是描述企业质量体系的一整套文件，是企业质量管理和质量保证的重要基础，它是企业质量活动的法规，是企业全体员工都应遵守的规范。建立企业质量体系文件，有益于理顺企业各项活动的关系，协调各部门和人员，明确职责与权限，使各项质量活动能够顺利、有效地开展与实施，提高企业的质量管理水平，不断提高顾客的满意度。

IATF 16949:2016 第 7.5.1.1 质量管理体系文件条款规定："组织的质量管理应形成文件，并包括质量手册"，这就要求组织的质量管理要以文件化的形式形成质量体系文件。质量体系文件一般划分为三个或四个层次，包括质量手册、程序文件、作业规程、产品品质标准、检验记录和试验报告等。

质量体系文件自上而下由四个不同层级的文件组成，层级越低，文件越详细，如图 2-1 所示。上一层文件为下一层文件的要求，下一层文件为上一层文件的支撑。最顶层的一级文件为质量手册，二级文件为程序文件，三级文件为作

图 2-1 质量体系文件层次

业指导性文件，最底层四级文件为表单记录类文件。

1）质量手册是对企业质量体系的概括描述、总体要求、指导质量体系运行的主要文件，是企业质量管理和质量保证活动应长期遵循的纲领性文件。质量手册的内容包括质量方针、质量目标、部门职责和业务过程等。

2）程序文件是规定公司某项业务活动的运行过程。程序文件是在质量管理体系文件中属于质量手册的下一层级文件层次。程序文件描述公司所有业务活动的过程以及每个过程应该做什么。

3）三级文件详细描述公司每个业务活动的过程怎么实现，用于指导每个工作、活动和设备等如何操作和使用，以作业指导书、操作规程等文件形式详细描述操作步骤。

4）四级文件（记录）用以记录公司各项业务活动的结果，为质量控制提供客观依据，并作为质量分析和采取纠正措施的依据。

2.1.2　程序文件

在质量管理学中"过程"的定义是，使用一定的资源进行管理活动，将输入转化为输出的一组操作。一般情况下，一个过程的输出将会是另一个过程的输入。系统地识别和管理组织所应用的过程，特别是这些过程之间的相互作用，就是过程方法。只有将活动作为相互关联的连贯系统进行运行的过程来理解和管理时，才能更加有效和高效地得到一致的、期望的结果。运用过程方法的目的是获得持续改进的动态循环，并使项目的质量水平得到显著地提高。

质量体系一般将过程分为三类，即顾客导向过程（Customer Oriented Process，COP）、支持过程（Support Process，SP）、管理过程（Management Process，MP）。

1）顾客导向过程。直接与顾客有关的，影响顾客满意度，从而影响公司经济效益的过程。顾客导向过程的输入一般直接来自顾客，输出直接交给顾客。顾客导向过程是企业质量体系最重要的过程，也就是核心过程，在过程识别时应该首先界定这类过程。

顾客导向过程一般有：产品质量先期策划、变更控制、合同评审、产品交付管理、服务管理、制造过程控制等。

2）支持过程。对其他过程（主要是顾客导向过程）起支持作用的过程。支持过程提供资源和服务，为顾客导向过程预期目标的实现提供支持，以实现公司的经营目标。

支持过程一般包括：采购控制、设备工装管理、文件控制、记录控制、人力资源管理、量检具管理、监视和测量管理等。

3）管理过程。是系统管理顾客导向过程的输入、输出的接口，顾客导向过程与支持过程之间接口的过程。用来衡量顾客导向过程及支持过程有效性和效率、组织策划将顾客要求转化为公司目标和指标、产生公司决策及其改进的过程。

管理过程一般有：业务计划的制订与实施、顾客满意度评价、质量成本控制、内部沟通、内部审核、管理评审、持续改进等过程。

过程的实现要按规定的程序进行。质量体系中的程序是指为完成某项过程所规定的方法，描述程序的文件称为程序文件。程序文件是在质量管理体系中属于质量手册下一层级的文件层次，是质量手册的支持性文件。程序文件规定了顾客导向过程、支持过程和管理过程的每个过程应该做什么、使用什么方法来完成的过程。

程序文件对企业的每个业务过程做出规定，规定各个业务过程的运作方法和评价准则，使各个过程处于受控状态；阐明与质量活动有关的部门和人员的职责、范围和相互关系；也作为执行、验证和评价业务活动的依据。

在实际业务活动中，每个过程必须按程序文件的规定执行，并保留执行情况的记录。根据程序文件对实际工作是否符合过程要求、是否达到预期目标进行评价。

2.2　产品质量先期策划过程分析

企业要生存和发展，必须要有项目，项目成功必须以优秀的项目管理方法为前提。APQP是项目管理在汽车领域的具体应用，为汽车零部件的开发提供了一种结构化的方法，确保项目产品满足顾客期望。多数企业以 APQP 为基础编制产品质量先期策划程序。一些企业也称产品质量先期策划为项目策划，一般识别为顾客导向过程。为了规范企业产品质量先期策划过程，达到预防缺陷、避免更改、减少损失、提高效率、持续改进，以满足顾客的需求与期望，制定产品质量先期策划程序。

APQP 程序一般根据企业有无产品设计责任、程序的流程和具体活动内容会有所区别。制定 APQP 程序首先要对过程进行分析，对过程的要素进行识别，过程分析推荐使用乌龟图。乌龟图是用来分析过程的一种工具，是通过形体语言来表示被识别过程的六个关键问题（输入、输出、资源、人员、方法、绩效指标）的图示，该图分别以乌龟的头部、尾巴、四只脚和腹部表示六个关键问题。

乌龟的腹部主要描述过程的名称；头部描述过程的输入，根据识别的不同过程可以是文件、图样、材料、样件、数模、工具、计划等；尾部描述过程的输出，可以是具体的产品、文件和服务等；左前脚描述过程的实现方法，如程序文件、指导文件等；右前脚描述过程的相关资源，如材料、设备、工装模具、量检具、计算机系统、软件等；右后脚描述过程的责任者，应确定责任所有者（责任人）、其他参与人员或部门；左后脚描述过程的有效性指标、评价准则。图 2-2 所示为使用乌龟图对产品质量先期策划过程分析的结果。

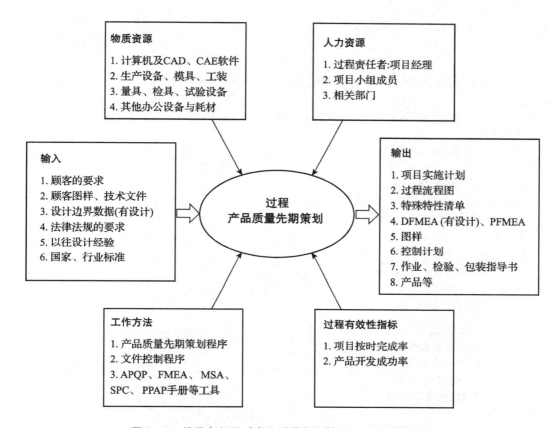

图 2-2　使用乌龟图对产品质量先期策划过程分析的结果

2.3　产品质量先期策划程序文件

产品质量先期策划程序文件为企业的开发流程提供了规范的实施步骤，在实际项目开发时需要根据顾客的需求和项目的实际情况对工作先后顺序适当调整，对工作的内容进行适当增删，一些工作根据需要同步进行。当企业对产品质量先期策划过程进行策划时，依据APQP 实施手册，从企业自身的特点和产品的特性，以及产品的复杂程度、生产过程的难易程度考虑，制定符合企业实际、有效可行的程序文件。本节介绍的两个案例，案例一程序文件包含产品设计过程，案例二程序文件不包含产品设计过程。

2.3.1　程序文件案例一

×××公司程序文件	文件编号：QP0501－01
	文件版次：A/0
项目策划	生效日期：20××.××.××
	第1页　共8页

1. 目的
   规范公司 APQP 过程，达到预防缺陷、减少浪费，及时提供优质产品，通过持续改善不断提高顾客满意度
2. 适用范围
   本程序适用于公司新产品开发和产品更改时进行的先期策划管理
3. 术语和定义
   参考《APQP 实施手册》附录 F
4. 职责
   参见工作流程中的责权部门栏
5. 工作流程

APQP 阶段	输入	流程	责权部门	输出
一、计划和确定项目	1. 顾客的呼声/顾客及市场调研结果 2. 顾客的业务计划/顾客	获得项目/新产品需求信息	市场部	市场调研报告
	1. 产品要求/顾客 2. 项目时间要求/顾客 3. 物流要求/顾客 4. 供货量要求/顾客	获得顾客要求	市场部 技术部	开发建议书
	业务计划/最高管理层	机会评估 → 资料存档（否）	管理层	评估报告
	员工素质矩阵/人力资源部	成立多功能小组（是）	多功能小组	多功能小组机构与职责
	1. 产品技术资料/顾客 2. 以往开发经验/技术部 3. 法律法规要求/顾客、技术部	技术可行性分析 → 资料存档（否）	多功能小组 技术部	技术可行性分析报告
	1. 产品技术资料/顾客 2. 以往开发经验/技术部 3. 法律法规要求/顾客、技术部	产品初步策划（是）	多功能小组 技术部	1. 产品设计方案 2. 可靠性和质量目标 3. 初始材料清单 4. 产品过程初始特殊特性清单 5. 初始过程流程图 6. 产品草图

（续）

APQP 阶段	输入	流程	责权部门	输出
一、计划和确定项目		核算成本	多功能小组	1. 成本明细表 2. 报价单
	成本明细表/多功能小组	经济可行性分析（否→资料存档）	多功能小组	经济可行性分析报告
	1. 经济可行性分析报告 2. 报价单/市场部	批准报价（否）	最高管理层	报价单
		报价	市场部	报价单
	报价单/市场部	价格达成（否）	顾客	价格协议
		同顾客达成开发意向	多功能小组	产品开发协议
		项目立项，任命项目负责人，成立项目组	总经理项目经理	1. 项目经理任命书 2. 项目组织机构与职责分配
	顾客大日程/顾客	项目实施计划	技术部/管理层	项目实施计划
	1. 产品技术资料/顾客 2. 以往开发经验/技术部 3. 法律法规要求/顾客、技术部	产品保证计划	项目组	产品保证计划
		项目里程碑检查	项目组/管理层	项目里程碑检查表1
二、产品设计和开发		设计失效模式及后果分析	项目组	DEMEA
	1. 源于第一阶段的输出/项目组 2. 边界数据/顾客 3. 以往设计经验/技术部	产品设计	技术部	1. 3D 数据 2. 2D 图样（样件） 3. CAE 分析报告 4. 设计变更记录 5. DVP
		可制造性和装配设计	项目组/技术部	可制造性和装配设计
		样件控制计划	技术部	样件控制计划
		样件制造	技术部	1. 样件 2. 样件检验记录
		设计验证（否）	技术部	设计验证报告
		设计评审（是/否）	项目组	设计评审记录

（续）

APQP 阶段	输入	流程	责权部门	输出
二、产品设计和开发	1. 源于第一阶段的输出/项目组 2. 边界数据/顾客 3. 以往设计经验/技术部	工程图发布	技术部	1. 3D 图 2. 2D 图 3. 图样评审记录
		工程/材料规范确定	技术部	1. 工程规范 2. 材料清单 3. 材料规范
		新设备、工装和设施的确定	项目组	1. 设备清单 2. 工装模具清单 3. 新设备、工装和设施清单
		量检具/试验设备确定	项目组	量检具/试验设备清单
		供方开发 —→ ⒟	项目组/采购部 项目组/机电设备部 项目组/技术部	1. 新原材料采购申请单（需要时） 2. 新设备需求申请单（需要时） 3. 新工装模具要求
		产品和过程特殊特性清单	项目组	产品和过程特殊特性清单
		小组可行性承诺	项目组	小组可行性承诺书
		项目里程碑检查	项目组/管理层	项目里程碑检查表 2
三、过程设计开发	1. 源于第二阶段的输出/项目组 2. 以往开发经验/技术部 3. 包装要求/顾客 4. 顾客特殊要求/顾客	包装设计	技术部	包装规范
		产品/过程质量体系评审	项目组	产品/过程质量体系检查表
		过程流程图编制	技术部	过程流程图
		车间平面布置图编制	技术部	车间平面布置及物流路线图
		特性矩阵图编制	技术部	特性矩阵图
		过程失效模式及后果分析	项目组	PFMEA
		人员配置计划	项目组/人力资源部	1. 人员配置计划 2. 人员培训计划
		编制试生产控制计划	项目组	试生产控制计划
		OTS 样件制造	项目组/生产部	1. OTS 样件制造计划 2. OTS 样件制造记录

（续）

APQP 阶段	输入	流程	责权部门	输出
三、过程设计开发	1. 源于第二阶段的输出/项目组 2. 以往开发经验/技术部 3. 包装要求/顾客 4. 顾客特殊要求/顾客	OTS样件验证和批准（是/否）	项目组/质量部顾客 项目组/质量部	1. OTS 检测报告 2. OTS 认可报告 3. 工艺装备验证单
		作业指导书编制	项目组/技术部	1. 作业指导书 2. 检验指导书 3. 包装指导书 4. 试验大纲
		员工培训	人力资源部/技术部	培训记录
		测量系统分析计划	项目组	测量系统分析计划
		初始过程能力研究计划	项目组	初始过程能力研究计划
		过程设计开发评审与确认	项目组/管理层	过程设计评审报告
		项目里程碑检查	项目组/管理层	项目里程碑检查表 3
四、产品过程确认	1. 源于第三阶段的输出/项目组 2. 以往开发经验/技术部 3. 顾客特殊要求/顾客	小批量试生产	项目组/生产部	1. 试生产计划 2. 试生产记录
		产品检验和批准（是/否）	项目组/质量部/试验室	1. 首批样件检验报告 2. 生产确认试验报告
		测量系统分析	项目组/质量部	测量系统分析报告
		初始过程能力研究	项目组/技术部	初始过程能力研究
		包装评价	技术部	包装评价报告
		产能分析	项目组	产能分析报告
		生产件批准	项目组	1. 零件提交保证书 2. 外观批准报告
		生产控制计划	项目组	生产控制计划
		质量策划总结和批准	项目组	质量策划总结和批准报告
		项目里程碑检查	项目组/管理层	项目里程碑检查表 4

（续）

APQP 阶段	输入	流程	责权部门	输出
五、反馈、评定和纠正措施	1. 源于第四阶段的输出/项目组 2. 订单/顾客 3. 顾客特殊要求/顾客	↓ 量产（SOP）	生产部/质量部 项目组 项目组/管理层	1. 控制图 2. 项目归档清单 3. 项目里程碑检查表5

6. 程序说明

　1）项目实施计划的制订与修改

　① 项目实施计划的时间节点必须符合或早于顾客进度

　② 项目实施计划必须根据顾客的进度调整和具体开发进度及时调整和更新，形成实际工作进度表，以提示项目组及时调整工作任务，确保按时完成产品开发

　2）策划中发现的问题必须以多方论证的方式，量产前解决

　3）供方的开发原材料采购过程、新设备、工装模具采购分别按公司程序文件"采购""设备管理""工装模具管理"实施

　4）人员培训按公司程序文件"培训"实施

　5）量检具和实施设备的配置按公司程序文件"监测和测量装置的控制"实施

　6）量产后，按公司程序文件"制造过程控制""交付与服务""顾客满意度评价""持续改进"实施

　7）当发生变更时，按程序文件"工程变更"实施

　8）失效模式分析、测量系统分析、过程能力研究、生产件批准分别参考 FMEA、MSA、SPC、PPAP 手册

7. 过程绩效指标

　项目按时完成率＝按时完成结点数/项目总结点数×100%

8. 记录

　8.01　产品建议书　　　　　　　　　　　　　　QT×××××× - ××

　8.02　评估报告　　　　　　　　　　　　　　　QT×××××× - ××

　8.03　多功能小组机构职责表　　　　　　　　　QT×××××× - ××

　8.04　外来文件评审记录　　　　　　　　　　　QT×××××× - ××

　8.05　技术可行性分析报告　　　　　　　　　　QT×××××× - ××

　8.06　产品设计方案　　　　　　　　　　　　　QT×××××× - ××

　8.07　可靠性和质量目标　　　　　　　　　　　QT×××××× - ××

　8.08　初始材料清单　　　　　　　　　　　　　QT×××××× - ××

　8.09　产品、过程初始特殊特性清单　　　　　　QT×××××× - ××

　8.10　草图　　　　　　　　　　　　　　　　　QT×××××× - ××

　8.11　初始过程流程图　　　　　　　　　　　　QT×××××× - ××

　8.12　报价单　　　　　　　　　　　　　　　　QT×××××× - ××

　8.13　经济可行性分析报告　　　　　　　　　　QT×××××× - ××

　8.14　价格协议　　　　　　　　　　　　　　　QT×××××× - ××

　8.15　产品开发协议　　　　　　　　　　　　　QT×××××× - ××

　8.16　项目经理任命书　　　　　　　　　　　　QT×××××× - ××

　8.17　项目组织机构与职责分配　　　　　　　　QT×××××× - ××

　8.18　项目实施计划　　　　　　　　　　　　　QT×××××× - ××

　8.19　产品保证计划　　　　　　　　　　　　　QT×××××× - ××

（续）

8.20	项目里程碑检查表1	QT×××××-××
8.21	DFMEA	QT×××××-××
8.22	样件图样	QT×××××-××
8.23	CAE分析报告	QT×××××-××
8.24	设计变更记录	QT×××××-××
8.25	DVP	QT×××××-××
8.26	可制造性与装配设计	QT×××××-××
8.27	样件控制计划	QT×××××-××
8.28	样件检验记录	QT×××××-××
8.29	产品设计验证记录	QT×××××-××
8.30	产品设计评审报告	QT×××××-××
8.31	工程图样	QT×××××-××
8.32	产品图样评审记录	QT×××××-××
8.33	工程规范	QT×××××-××
8.34	材料规范	QT×××××-××
8.35	材料清单	QT×××××-××
8.36	设备清单	QT×××××-××
8.37	工艺装备明细表	QT×××××-××
8.38	新设备、工装和设施清单	QT×××××-××
8.39	量检具/试验设备清单	QT×××××-××
8.40	新原材料采购申请单（需要时）	QT×××××-××
8.41	新设备需求申请单（需要时）	QT×××××-××
8.42	新工装模具要求	QT×××××-××
8.43	产品、过程特殊特性清单	QT×××××-××
8.44	小组可行性承诺	QT×××××-××
8.45	项目里程碑检查表2	QT×××××-××
8.46	包装规范	QT×××××-××
8.47	产品/过程质量体系检查表	QT×××××-××
8.48	过程流程图	QT×××××-××
8.49	车间平面布置与物流图样	QT×××××-××
8.50	特性矩阵图	QT×××××-××
8.51	PFMEA	QT×××××-××
8.52	人员配置计划	QT×××××-××
8.53	人员培训计划	QT×××××-××
8.54	试生产控制计划	QT×××××-××
8.55	OTS样件制造计划	QT×××××-××
8.56	OTS样件制造记录	QT×××××-××
8.57	OTS检测报告	QT×××××-××
8.58	OTS认可报告	QT×××××-××
8.59	工艺装备验证单	QT×××××-××
8.60	包装作业指导书	QT×××××-××
8.61	作业指导书	QT×××××-××
8.62	检验指导书	QT×××××-××
8.63	试验大纲	QT×××××-××
8.64	培训记录	QT×××××-××
8.65	测量系统分析计划	QT×××××-××
8.66	初始能力研究计划	QT×××××-××

（续）

8.67	过程设计评审报告	QT×××××-××
8.68	项目里程碑检查表3	QT×××××-××
8.69	试生产计划	QT×××××-××
8.70	试生产记录	QT×××××-××
8.71	首批样件检验报告	QT×××××-××
8.72	生产确认试验报告	QT×××××-××
8.73	测量系统分析结果	QT×××××-××
8.74	初始能力研究结果	QT×××××-××
8.75	包装评价报告	QT×××××-××
8.76	产能分析报告	QT×××××-××
8.77	零件提交保证书	QT×××××-××
8.78	外观批准报告	QT×××××-××
8.79	生产控制计划	QT×××××-××
8.80	质量策划总结和批准报告	QT×××××-××
8.81	项目里程碑检查表4	QT×××××-××
8.82	过程能力研究结果	QT×××××-××
8.83	项目归档清单	QT×××××-××
8.84	项目里程碑检查表5	QT×××××-××

2.3.2　程序文件案例二

产品质量先期策划管理程序	文件编号	QP-02
	版　号	A/0
	页　码	第1页　共6页
	实施日期	××××.××.××

1. 目的

　规范公司新产品开发项目的开发流程，对各工作活动实施有效地管理，保证各工作环节的协调与连贯；引导资源实现质量目标，促使早期识别质量问题并采取预防措施，避免后期更改造成的损失，提高工作效率，从而确保产品满足顾客和市场的需求

2. 适用范围

　适用于本公司汽车零部件新产品开发项目产品质量先期策划过程

3. 术语

　略

4. 职责

　1）市场部。负责市场调研、产品需求信息的收集、与顾客交流与沟通、确定顾客的期望；组织相关人员进行合同评审、报价和可行性评估；提交新产品样件

　2）技术部。负责新产品项目的开发与归口管理、PPAP文件提交

　3）项目组长。负责组织新产品开发项目的审定、项目小组的组建和制造过程开发的内外部协调；编制项目进度计划，利用各种资源协调和推进项目开发

　4）APQP小组成员。按项目实施计划要求的进度和分工，负责各自的分工工作，参与制造过程开发的评审

　5）人力资源部。负责新产品开发项目所需的技能培训

　6）生产部。负责新产品样件的制造及试生产

　7）采购部。负责供方开发、新材料、工装及设施的采购

　8）质检部。样品检验和试验、测量系统分析

5. 工作流程和内容

（续）

序号	流程	工作说明	责任部门	记录表单
1)	项目信息收集与分析	市场部根据市场调研及分析、顾客产品要求，填写新产品开发申请单，明确市场分析、顾客技术要求、产能目标和开发周期等，经相关部门评审后报公司领导审批	市场部	新产品开发申请单
2)	成本核算	① 由市场部提出报价申请 ② 由技术部根据报价申请提出技术方案及产品开发成本预算交市场部核算价格 ③ 技术部主管组织进行新产品制造可行性分析 ④ 市场部将报价单及产品开发成本预算提交公司领导批准	市场部 技术部 技术部 市场部	产品技术方案 产品成本分析表 技术可行性分析报告 报价单
3)	报价	① 技术部按顾客要求准备报价相关的技术文件 ② 市场部负责报价	技术部 市场部	产品技术方案 报价单
4)	成立项目小组	① 市场部接受顾客"新产品开发协议"并组织相关部门评审，与顾客最终签订协议 ② 总经理任命项目组长，项目组长召集相关部门的人员组成项目小组，编制"项目小组成员及职责表"。项目小组的成员应由技术、质量、生产、市场和采购等部门人员组成，若有必要应请顾客代表、顾客或供方代表参加	市场部 项目组长	开发协议 项目小组成员及职责表
5)	制订项目进度计划	① 项目组长制定项目进度计划，明确进度和任务，报公司领导批准 ② 项目进度计划应体现同步工程的应用、项目节点的控制及工装模具制造进度等 ③ 项目进度应符合或早于顾客进度要求 ④ 在项目实施过程中，项目组长应及时更新项目进度计划，记录项目实施过程中的各项费用支出	项目组长	项目进度计划 项目成本统计表
6)	新设备、工装和设施的确认	项目小组根据新项目产品的工艺需求和检验、试验需要，对所需的新设备、工装、模具、量检具、试验设备进行分析确认	项目小组	新设备、工装模具清单 量具、试验设备清单

（续）

序号	流　程	工作说明	责任部门	记录表单
7)	产品和过程特殊特性确认	技术部组织项目小组识别产品和过程的特殊特性	技术部	产品和过程特殊特性清单
8)	编制样件控制计划	项目小组根据顾客图样、标准、特殊特性清单编制样件控制计划	项目小组	样件控制计划
9)	OTS样件制造	① 项目小组按进度计划制定试制计划 ② 生产部组织样件制造 ③ 在样件制造过程中，项目小组应监控制造过程，跟踪制造进度	生产部 项目小组	试制计划 样件
10)	OTS样件检测	质检部负责对产品尺寸进行全尺寸测量，对性能进行试验。将全尺寸检验报告、试验报告提供项目小组评审，如果测量、试验结果不能满足顾客要求，应返工或重新制作样件	质检部 项目小组	全尺寸检验报告 试验报告
11)	OTS样件确认	① 市场部按顾客的要求提交样件 ② 由顾客对提交样件最终确认，不符合则重新制作样件	市场部 顾客	OTS认可报告
12)	制订过程流程	技术部对产品实现过程进行分析，制订过程流程图	技术部	过程流程图
13)	制订工厂平面布置图	① 项目小组根据过程流程图规划工厂平面布置图 ② 规划工厂平面布置图时以精益生产、一个流为原则 ③ 同类产品，评审通用的工厂平面布置图	项目小组	工厂平面布置图与物流路线图
14)	包装设计	技术部根据产品特性和顾客要求进行包装设计	技术部	包装规范
15)	过程失效模式及后果分析	① 项目小组参考FMEA手册编制PFMEA ② 同类产品，评审产品族的PFMEA。当特殊产品或顾客有要求时，要制定相应产品的PFMEA	项目小组	PFMEA
16)	编制试生产控制计划	根据过程流程图、特殊特性清单和PFMEA，编制试生产控制计划	项目小组	控制计划
17)	编制作业指导书	根据试生产控制计划、设备操作规程编制相应作业指导书（如作业标准、产品包装指导书、检验规程等）	项目小组	作业标准书 包装指导书 检验规程

（续）

序号	流　程	工作说明	责任部门	记录表单
18）	制订测量系统分析计划	① 项目小组按控制计划的关键尺寸制订测量系统分析研究计划 ② 参考 MSA 手册	项目小组	测量系统分析研究计划
19）	制订初始过程能力研究计划	① 项目小组按控制计划的关键尺寸制订初始过程能力研究计划 ② 参考 SPC 手册	项目小组	初始过程能力研究计划
20）	员工培训计划	项目小组根据员工素质矩阵和新产品工艺的要求，制订员工培训计划	项目小组	员工培训计划
21）	培训	人力资源部负责组织对生产部员工进行新产品特性和工艺培训	人力资源部	培训记录
22）	制订试生产计划	项目小组根据项目进度及顾客要求编制"试生产计划"	项目小组	试生产计划
23）	试生产	① 生产部负责组织试生产 ② 项目小组成员跟踪试生产过程，对生产流程及工艺参数的合理性进行评价，对试制过程中发现的问题点给予纠正解决 ③ 项目小组对试生产过程数据进行收集，用于过程能力分析、生产节拍确认等	生产部 项目小组 项目小组	试生产记录
24）	样件检测　否　是	① 质检部负责对产品尺寸进行全尺寸测量 ② 对试生产的产品进行生产确认、试验	质检部	全尺寸检验报告 试验报告
25）	测量系统分析	① 质检部按测量系统分析计划进行测量系统的分析与评价 ② 参考 MSA 手册	质检部	测量系统分析报告
26）	初始过程能力研究	① 技术部按初始过程能力研究计划进行初始过程能力分析与评价 ② 参考 SPC 手册	质检部	初始过程能力研究结果
27）	PPAP提交	项目小组判定对项目各方面能满足顾客需求时，按顾客要求的等级提交PPAP。具体按"生产件批准控制程序"执行	项目小组	生产件提交保证书
28）	编制生产控制计划	① 根据试生产控制计划进行扩展，编制生产控制计划 ② 生产控制计划是动态文件，根据实际进行更新	项目小组	生产控制计划

（续）

序号	流　程	工作说明	责任部门	记录表单
29）	↓ 包装评价	项目小组根据实际运输和储存状况，对包装进行评价	项目小组	包装评价记录
30）	↓ 质量策划总结 和认定	项目小组对过程流程、控制计划、作业指导书、测量系统、过程能力、设备和人员等进行评审和总结	项目小组	项目策划总结和认定报告

6. 其他说明
　　1）量产阶段按"生产计划管理程序""制造过程控制程序""产品交付程序""顾客满意度评价程序""顾客投诉管理程序""持续改进程序"等程序文件进行管理控制
　　2）变更管理在项目开发过程及批量生产过程中，经项目小组评审及顾客要求需要工程变更时，按"工程更改控制程序"文件执行
7. 过程绩效指标
　　详见"过程绩效指标一览表"
8. 相关文件
　　1）生产计划管理程序
　　2）制造过程控制程序
　　3）产品交付程序
　　4）顾客满意度评价程序
　　5）顾客投诉管理程序
　　6）持续改进程序
　　7）工程更改控制程序
　　8）文件控制程序
　　9）工装模具管理程序
　　10）采购控制程序
9. 记录
　　略

第3章
计划和确定项目

计划和确定项目是 APQP 的第一阶段，也是项目的启动阶段。这一阶段要完成从接到项目信息开始，对项目进行充分的可行性分析的基础上，确定项目的开发。这一阶段进行初步的产品质量策划，对顾客的期望和要求进行识别，对于适用于项目的法律法规、产品实现过程的特殊条件、以往的经验和教训、其他项目相关者的要求都应进行考虑，作为设计开发的目标。以邀请管理层参与产品质量策划会议等方式获得高层管理者对项目的关注与支持，高层管理者的支持对项目的成功至关重要。

项目启动是一个十分重要的阶段，它关系到一个项目能否成功地实施、能否达到顾客和其他项目利益相关者的期望和有效获得项目利益相关者的支持。APQP 计划和确定项目的阶段如图 3-1 所示。

3.1 计划和确定项目的输入

计划和确定项目在 APQP 手册中描述的输入有六项，如图 1-12 所示。

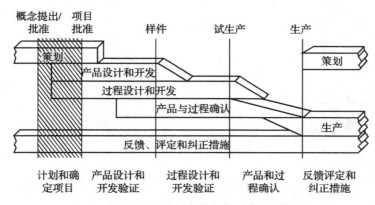

图 3-1 APQP 计划和确定项目阶段示意图

3.1.1　顾客的声音

"顾客的声音"包括来自内部顾客和/或外部顾客的抱怨、建议、资料和信息。收集这种信息资料的方法和途径有但不限于以下几方面。

1. 市场研究

组织的多功能小组可能需要获取反映顾客声音的市场研究资料和信息。以下信息来源有助于识别顾客关注的事项或需求，并将这些关注的事项转变为产品和过程的特性。

① 顾客访谈。

② 顾客问卷与调查。

③ 市场测试和定位报告。

④ 新产品质量和可靠性研究。

⑤ 竞争产品质量的研究。

⑥ 最佳的实践过程和经验。

2. 保修记录和质量信息

为了评估在产品的设计、制造、安装和使用中再发生不合格的可能性，应该制订一份以往顾客反馈或关注的问题和需要的清单，这些清单应该被视为其他要求的延伸，并应该纳入顾客需求分析之内。以下各项有助于小组识别顾客关注的问题和需要，并选出适当的解决方案。

① 最佳的实践过程和经验。

② 保修报告。

③ 能力指数。

④ 供方工厂内部质量报告。

⑤ 问题解决报告。

⑥ 顾客工厂退货和拒收记录。

⑦ 市场不良产品分析。

表 3-1 所示为过去问题点清单样表。

表 3-1 过去问题点清单样表

过去问题点和改善计划						公司名称	××公司	产品名称	空调通风管
						车型	×××	产品图号	×××－××××

序号	问题类型	发生车型	过去问题点				改善计划			确认
			问题点	原因	采取的措施	改善内容（工程/设计）	改善日期		
							计划	实际	
1.	A	××××	安装孔尺寸超差：标准：4.4mm 实际：3.4mm	钻头磨损	1）更换钻头，操作者100%进行检测 2）每班班前班长对切口机进行点检，检验员每2h抽检一次，5件/次	对切口机进行优化，钻孔改为冲孔	年 月 日	年 月 日	○
2.	A	××××	支架错装	1）工序设计不合理，长短支架一个工位 2）操作者培训不充分	1）安装支架的生产过程分两个工序，上道工序安装长支架，下道工序安装短支架 2）培训操作者，按操作规程操作	1）产品设计防错装卡口 2）设计专用防错装卡工装	年 月 日	年 月 日	○

3. 小组经验

小组可以考虑利用以下的信息来源和更多方面的相关信息：

① 最佳的实践过程和经验。

② 来自更高层次体系或过去质量功能展开项目的输入。

③ 媒体的评论和分析：杂志、报刊、网络媒体报告等。

④ 顾客的信件和建议。

⑤ 经销商意见。

⑥ 车队操作人员的意见。

⑦ 市场服务报告。

⑧ 利用指定的顾客代理所做的内部评价。

⑨ 道路行驶经验。

⑩ 管理者的意见或指示。

⑪ 来自内部顾客的问题和事件。

⑫ 国家和地方政府的要求和法规。

⑬ 行业标准和惯例。

⑭ 合同评审。

3.1.2　业务计划/营销策略

顾客的业务计划和营销策略将作为 APQP 的框架。业务计划可能对小组提出一些限制性的条件，如进度、成本、投资、产品定位、研究与开发资源等，这些将影响项目的方向。营销策略将确定产品的目标顾客、销售渠道和主要的竞争对手。顾客的业务计划和营销策略一般在汽车整车厂选供应商时以会议或其他方式说明。

3.1.3　产品/过程标杆数据

产品和过程的标杆数据将作为产品和过程开发的输入。标杆方法是一种识别比较标准的系统方法，它为确定可衡量的绩效目标、产品和过程设计提供输入。标杆方法也可用于改进业务过程和工作程序。

标杆管理法由美国施乐公司于 1979 年首创，是企业管理活动中使企业不断改进和获得竞争优势最重要的管理方式之一，西方管理学界将其与企业再造、战略联盟看作 20 世纪 90 年代三大管理方法。

标杆就是榜样，这些榜样在业务流程、制造流程、设计开发、产品和服务等方面所取得的成就就是后进者瞄准和赶超的标杆。标杆方法就是向业内或业外最优秀的企业学习、达到或超越标杆的过程。

我国有句古话："以铜为鉴，可以正衣冠；以史为鉴，可以知兴替；以人为鉴，可以明得失。"对企业也是这样，不断寻找和研究同行一流公司的最佳实践，并以此为基准与本企业进行比较、分析和判断，企业重新思考和改进经营实践，创造自己的最佳实践，从而使本企业得到不断改进，进入或赶超一流公司，创造优秀业绩的良性循环过程。

标杆管理方法较好地体现了现代知识管理中追求竞争优势的本质特性，因此具有巨大的实效性和广泛的适用性。如今，标杆管理已经在市场营销、成本管理、人力资源管理、新产品开发和教育部门管理等各个方面得到广泛的应用。如杜邦、柯达、通用、福特、IBM 等这些著名企业在日常管理活动中均应用了标杆管理法。我国的海尔、雅芳、李宁、联想等知名企业也通过采用标杆管理法取得了巨大成功。

产品和过程的开发应用标杆方法应该包括衡量顾客和企业内部的目标绩效，对该绩效进行世界级或最高级的识别，并作为标杆。标杆方法应该成为组织能够开发、超越标杆能力的新产品和过程的阶梯。应用标杆方法包括以下步骤：

1）识别合适的标杆。

2）了解现况和标杆之间产生差距的原因。

3）制订缩小与标杆差距、符合标杆或超过标杆的计划。

3.1.4　产品/过程设想

设想产品具有某些特性、某种设计结构和实现过程，包括技术革新、优良的新材料、可靠性评估和新技术，这些都应该当作输入。

3.1.5　产品可靠性研究

产品的可靠性数据考虑了在规定时间内产品零件修理和更换的频率，以及长期可靠性/耐久性试验的结果。

3.1.6　顾客输入

产品的后续顾客（上级顾客）可提供与他们的需要和期望有关的有价值的信息。此外，产品的后续顾客可能已进行部分或全部前面已提到的评审和研究。顾客和/或组织应该使用这些输入，以开发统一衡量顾客满意的方法。

3.2　确定项目

3.2.1　产品开发建议

组织收到顾客项目信息后，一般由市场部门和技术部门先期介入，高层管理者参与可行性研究与决策。市场部门收到顾客项目信息后，填报"产品开发建议书"，见表 3-2，明确市场分析、顾客技术要求、产量纲领和开发周期等，经相关部门评审后报公司高层领导审批。

表 3－2　产品开发建议书

文件编号：××－××××

顾客名称	×××汽车有限公司
车型/项目	×××车型
产品名称	杂物箱

建议内容：

　　本产品为×××汽车有限公司×××车型的配套产品。材料为 PP，颜色为黑色，性能满足基本×××标准的要求。顾客提供边界数据与技术要求，要求我公司安排设计人员与×××汽车有限公司同步设计。产品设计完成时间为×年×月×日，提供样件的时间为×年×月×日，PPAP 提交时间为×年×月×日

　　此车型为×车型的换代产品，预计年产 20 万辆，市场前景可观。我公司有开发类似产品的设计开发经验，产能足够，无须投入新设备，原材料成熟。建议我公司参与该产品的报价，竞争此产品的开发配套资格

技术部意见：

质量部意见：

生产部意见：

总经理意见：

3.2.2　项目可行性分析

　　高层领导批示"产品开发建议书"后，市场部门或技术部门进一步与顾客沟通，提出开发意向，与顾客签署"保密协议"后，获取 RFQ、SOR 等类型的报价技术资料以及顾客标准，对项目是否可行进行详细分析。表 3－3 所示为项目可行性分析报告的示例，详细分析可使用附加文件。只有项目可行性分析结果表明项目可行、项目实施必备的条件成熟或已经具备时，项目才可以启动。

表 3－3　项目可行性分析报告示例

文件编号：QT××××－×××

产品名称	组合仪表	产品规格/型号	12345－67890
项目类型	全新设计	顾客名称	××汽车公司

　1. 顾客概况：

　　（内容包括：主要量产车型、年产量、工厂规模、生产经营状况、企业性质、人员联络方式、近几年发展情况等）

　2. 竞争对手情况：

　　（内容包括：参与竞标的竞争对手、以往车型竞争对手的配套情况、竞争对手的质量和技术状况、竞争对手的设计和开发能力状况等）

　3. 市场预测：

　　（内容包括：计划产量、销售渠道、是否标配、独家供货还是按系数分配供货等）

（续）

产品名称	组合仪表	产品规格/型号	12345－67890
项目类型	全新设计	顾客名称	××汽车公司

4. 新产品技术要求： （内容包括：产品尺寸、功能、性能、外观、材料、标识、包装、是否通用、国家或行业标准等）
5. 新产品开发要求： （内容包括：顾客要求遵循的开发方法、试验要求、产品确认程序、过程确认程序、PPAP 要求等）
6. 产品供货要求： （内容包括：质量要求和指标、供货周期、包装和运输要求等）
7. 对新技术的应用： （内容包括：新产品涉及的新技术、新材料、新工艺的应用，企业是否存在问题等）
8. 开发进度： （内容包括：设计完成、样件、PPAP 等时间节点的分析等）
9. 技术可行性： （内容包括：设计开发人员的经验、能力、软件、试验设备等是否满足）
10. 制造可行性： （内容包括：现有生产场地、设备、人员、工艺、材料、产能等能否满足）
11. 质量保证能力： （内容包括：质量体系、质保和质控能力、人员素质、检验器具等能否满足）
12. 投资预算： （内容包括：人员投资、设备投资，工装模具、试验设备等投资）
13. 成本与价格估算： （内容包括：产品的成本组成、意向价格的估计、预计赢利等）
14. 风险分析： （内容包括：设计风险、开发风险、市场风险的识别与规避等）
15. 其他事项： （内容包括：以往开发及生产过程或顾客方发生的问题是否彻底解决，是否还存在其他问题等）
16. 结论： 以上各项分析，我公司从人员、技术、生产、质量保证、开发周期和成本价格等各方面均有能力实现或完成，风险较低，可以进行设计与开发

会签		日期	
批准		日期	

3.2.3　项目达成

　　根据输入信息由技术部门提出"技术方案"和新增工装、模具、辅具和检具的估算交市场部门或财务部门核算价格，市场部门或财务部门编制"报价单"提交公司高层领导批准。市场部门将批准的"报价单"和"技术方案"提交顾客，顾客认可报价，达成开发意向，双方签订"价格协议""开发协议"等。表 3－4 所示为产品技术方案示例，表 3－5 所示为报价单示例。

表 3-4　产品技术方案示例

顾客名称	×××汽车有限公司	供应商名称	××股份有限公司
零件名称	发动机舱盖密封条	编制日期	×年×月×日
零件号码	12345-67890	版次	A

文件编号：QT×××××-×××

1. 产品结构和装配示意图

发动机舱盖前密封条
发动机舱盖后密封条
卡扣

2. 产品功能描述及表面要求

产品功能：

①密封。安装在发动机舱盖处，起隔热、防尘和降噪的作用；防止发动机舱热气进入发动机进气口和空调进气口

②缓冲。缓冲发动机舱盖关闭的冲击力

③装饰

3. 产品材料和性能要求

1）材料要求

①密封条材料为 EPDM 海绵橡胶和 EPDM 密实橡胶，卡扣材料为 PA6

②材料都应根据设计要求、密封、耐久性等性能的要求选择。禁用和有害物质满足国家相关法规的要求，气味性小于 3.5 级

2）性能要求

①材料性能满足 ××× 标准的要求

②成品性能满足 ××× 标准的 × 条款

③其他性能满足顾客 SOR 技术条件

4. 产品构成分析

序号	零件号	构成件名称	材料	质量/g	材料供应商	生产工艺	模具/检具	设备
1)	×××	发动机舱盖前密封条	EPDM 海绵橡胶	46	×××	复合挤出硫化	挤出模具：一套 检具：一套	硫化挤出生产线
			EPDM 密实橡胶	32	×××			
2)	×××	发动机舱盖后密封条	EPDM 海绵橡胶	55	×××	复合挤出硫化	挤出模具：一套 检具：一套	硫化挤出生产线
			EPDM 密实橡胶	41	×××			
3)	×××	卡扣（15 个）	PA6	3.2	×××	外委采购		
4)								
5)								
6)								
7)								
8)								

表3-5　报价单示例

产品成本分析表

零件号：××××-××××　　项目/车型：×× 车型　　编号：

零件名：左后门密封条　　顾客名称：××× 汽车有限公司　　供货厂商：××× 汽车零部件有限公司

联系电话：

产品成本

No.	项目	金额
1	材料费	12.40
2	人工费	2.44
3	燃动费	2.00
4	其他	0.00
5	设备折旧	0.38
6	外协外购	3.15
7	废品损失	0.66
8	期间费用	4.70

材料费用明细

No.	名称	规格	件耗用量/g	单价	金额
1	EPDM		620	0.02	12.40
合计					12.40

加工费用明细

No.	加工工序	所需设备	功率	人员数	产能	燃动费	人工费	折旧费	其他
1	挤出	挤出机	200	5	180	1.70	0.80	0.28	
2	接角	注胶机	22	2	20	0.30	0.96	0.10	
3	加工			6	60		0.68		
4									
5									
6									
7									
合计						2.00	2.44	0.38	0.00

模治具费用明细

No.	加工工序	模具名称	厂家名称	材料	模/件	寿命	价格	分摊
1	挤出	挤出模具	××模具公司		1	200000	5000	0.05
2	接角1	接角模具	××模具公司		1	300000	22000	0.22
3	接角2	接角模具	××模具公司		1	300000	22000	0.22
4								
5								
分摊台份	100000.00			合计			49000	0.49

税金明细

项目	税率	金额
增值税		2.40
地税		
抵扣		
合计	2.40	2.40

(期间)费用明细

项目	金额
销售费用	2
管理费用	0.5
财务费用	2.2
合计	4.7

备注：
1. 报价时请详细填写，并加盖公章，否则视为报价无效。
2. 单位，货币：人民币元，尺寸：毫米（mm），重量：克（g），功率：kW，产能：件/小时（Pcs/h），分摊台份：台/件，寿命：模。

外协外购件明细

No.	外协内容	厂家名称	数量	单价	金额
1	卡扣	××	21	0.15	3.15
2					
3					
4					
5					
6					
7					34.32
8	合计				

No.	项目	金额
9	包装费	0.70
10	运输费	0.50
11	利润	2.40
12	税金	4.99
13		
14		
15		
16	合计	34.32

包装费用明细

No.	项目	规格	定额	单价	金额
1	包装费	20	14	0.5	0.7
	运输费				2
合计					0.7

总成本

No.	项目	金额
1	产品单价	34.32
2	模治具费用	0
3	模具分摊	0.49
	运输费	2
合计		34.81

制表：	审核 ×××	批准 ×××	日期 ×年×月×日

3.2.4　项目经理

组织立项，任命项目经理或组长。组织应当尽可能早地选定项目经理或组长，并将其委派到项目中。在一般情况下，项目经理要在项目计划执行之前到岗。表3-6所示为项目经理任命书示例。

表3-6　项目经理任命书示例

编号：QT020101-15

项目经理任命书

根据工作需要，任命×××同志为"××项目"开发的项目经理。对"××项目"项目的进度、质量和成本负责，在项目预算范围内按时、优质地领导小组完成全部项目工作内容。

项目经理负责项目的内、外部协调与沟通，项目计划的制订、跟踪和调整，监督、督促项目各项工作的实施，项目工作的评审，主持项目会议，定期向公司最高领导层汇报项目进展情况，保证项目目标的实现和顾客满意。

×××有限公司总经理：×××

××年××月××日

项目经理是负责实现项目目标的个人，是为项目的成功策划和执行负总责的人。项目经理的首要职责是在预算范围内按时优质地领导项目小组完成全部项目工作内容，并使客户满意。要管理好一个项目，首先要对顾客及相关干系人的要求进行识别，确定清晰而且能够实现的、切实可行的目标，平衡项目质量、范围、时间和成本的要求，做好项目计划、组织和控制活动中管理工作，保证项目目标的实现和顾客满意。

项目经理对整个项目负责，是项目的核心，对项目的人、财、物进行平衡，协调各方关系。项目经理是项目工作活动的决策者，在项目范围内，必须得到资源支配、人事调动和工作安排等方面的足够授权。

项目经理是项目团队的领导者，必须具备良好的能力、技能、素质和丰富的知识。

1. 领导能力

项目经理的领导能力是项目经理凭借其个人素质的综合作用对项目组成员所产生的人格凝聚力和感召力，是保证项目成功的重要驱动力，其主要表现如下：

1）号召力。调动项目组成员以及顾客、供应商、职能经理等人员工作积极性的能力。

2）影响力。主要是对项目组成员产生影响的能力。

3）沟通能力。包括良好的表达能力、争辩能力、倾听能力和协商能力。

4）应变能力。当项目要素发生改变或发生风险时，应及时、迅速、灵活地做出应对的能力。

2．管理技能

管理技能是指运用各种管理方法、技术和知识完成管理任务的能力。项目经理需要具备以下管理技能，以高效实现项目目标。

1）各种职能管理的技能。包括：计划、组织、决策、领导和控制等方面的管理原理和方法。

2）各种资源管理方面的技能。包括：人力、物力、财力和信息资源等方面的管理原理和方法。

3）其他一般性管理的技能。包括：信息系统、服务质量、物流服务的管理原理和方法。

3．技术技能

技术技能是指掌握与运用某一专业领域内的知识、技术和方法的能力。项目经理应具备的技术技能包括运用项目管理专业知识的能力和所属专业的知识。

1）项目管理知识主要分为以下三大部分：

① 关于项目目标或指标的专项管理内容，包括项目成本管理、项目时间管理和项目质量管理。

② 关于项目资源和条件的专项管理，包括项目沟通管理、项目采购管理和项目人力资源管理。

③ 关于项目决策和项目集成等方面的管理，包括项目集成管理、项目范围管理和项目风险管理。

2）项目所属专业的知识和方法：

① 项目所属专业的技术知识，如汽车零部件的材料、工艺和设计等。

② 项目所涉及具体专业领域的专业管理知识，如汽车零部件行业的标准、质量体系和环境保护等。

4．综合素质

项目管理是一项复杂的工作，在有限资源限定条件下，实现或超过设定的需求和期望，项目经理任务重、压力大，如果没有健康的身体素质和良好的心理素质，很难做好项目管理工作。因此，项目经理要有强健的体魄、旺盛的精力、乐观的心态、不断学习的精神等较高的综合素质与能力。

3.2.5　成立多功能小组

成立多功能小组或项目小组，为小组成员分配职责。成立或组建项目小组可以在选定小组的成员之后再任命项目经理；也可以先任命项目经理，再由项目经理根据工作情况选择小组成员、组建项目小组。第一种方式组建的小组比较利于工作的执行，但沟通和协调可能会存在一定的难度。第二种方式组建的小组非常利于工作中的沟通和协调，也有利于开展项目工作，是实际项目工作中采用较多的一种方式。

小组成员的选择要考虑成员技术水平，沟通能力与任务要求相适应，尽量从组织的各个部门中选择。制订职责分配表，使项目的每一项具体工作分配到责任者。职责分配表的职责描述要清晰，使小组成员更加明确自己的职责与任务。

小组的任务面向产品和顾客，对于项目中的问题要采用多方论证的方式进行解决。多功能小组为公司的非常设机构，小组成员在参与本项目的同时可能参与其他项目，小组成员需协调合理安排自己的时间与工作，并完成本人的部门职能工作。多功能小组组织结构的形式一般为矩阵形，针对具体项目制订的文件样式有表格式和图表式，表3-7和图3-2所示为多功能小组与职责分配示例。

表3-7　多功能小组与职责分配示例

文件编号：QT×××××-×××

项目名称		×××汽车零部件开发项目		顾客名称	×××汽车公司	
产品名称		×××导轨	产品图号	12345-67890	成立日期	×年×月×日
序号	姓名	部门	职务	职责		
1	李××	技术中心	总工程师	小组组长，组织协调，沟通，进度督促		
2	张××	市场部	业务经理	顾客信息沟通、服务		
3	陈××	技术中心	科长	产品与过程的设计、开发，项目管理		
4	张××	技术中心	工程师	工艺与材料、CAE分析		
5	王××	技术中心	工程师	工装模具的开发，图样、技术文件的编制		
6	赵××	物流部	科长	原材料采购、产品交付		
7	刘××	财务部	部长	成本核算		
8	祖××	生产部	车间主任	组织试制与生产		
9	张××	技术中心	工程师	产品的试装、检具的开发		
10	孙××	质量部	专检员	质量监控、产品检验与确认、量检具的保证		
11	赵××	人力资源部	部长	人员配备、培训		
12	杨××	机电设备部	部长	设备能力保障		
注：1. 项目组成员在负责上述所分配任务的同时，对于项目中的问题要采用多方论证的方式进行解决。 2. 当小组成员在承担本项目的职责时，可能同时参与其他项目或本部门的职能工作，需合理安排自己的时间与工作。						
编制		审核		总经理		

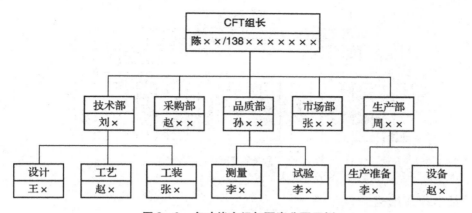

图3-2 多功能小组与职责分配示例

典型的项目组织结构形式有职能型组织结构、项目型组织结构和矩阵型组织结构。

1. 职能型组织结构

职能型组织结构又称为多线性组织结构，也称为 U 形组织结构。职能型组织结构起源于法国的法约尔在 20 世纪初担任煤矿公司总经理时所建立的组织结构形式，所以又称为"法约尔模型"。它是按职能分工来组织部门，把企业内承担相同职能的业务活动及其人员组合在一起，设置相应的管理部门和管理职务。

现代企业中许多业务活动都需要有专门的知识和能力。职能型组织结构以工作方法和技能作为部门划分的依据，通过将专业技能紧密联系的业务活动归类组合到一个单位内部，这样一个单位部门只有一个领导，易于对专业技能和人员进行管理，管理也更具灵活性，员工素质也可以不断提高。

职能型组织结构的优点如下：

① 权力高度集中，资源和人员的管理比较灵活。

② 部门专业化程度高，有利于获得知识，有助于员工的快速进步。

③ 各职能部门人员面对部门完成的工作，有利于项目连续性保持。

④ 适合生产、销售标准、单一的产品，其优点能充分得以发挥。

在项目管理中，职能型组织结构的缺点与不足表现如下：

① 项目经理没有足够的权力，项目工作协调困难。

② 没有明确的责任人，各部门工作把职能工作放在第一位。

③ 各职能部门人员的工作不是面对顾客和产品，而是面对本部门，对顾客问题无法做到快速反应。

④ 当项目工作需跨部门时，整体管理比较困难。

⑤ 不以项目目标为导向，部门工作优先于项目工作。

图 3-3 所示为职能型组织结构示意图。

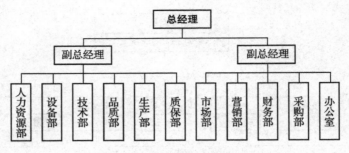

图 3 - 3　职能型组织结构示意图

2. 项目型组织结构

项目型组织是指一切工作都围绕项目进行，通过开展项目创造价值并达成自身战略目标的组织。项目型组织结构适用于只开发项目、不实际生产产品的企业，如设计公司。

在项目型组织结构中，项目经理一般为专职，对项目团队拥有完全的项目权力和行政权力。由于每个项目团队严格致力于一个项目，所以项目型组织可以迅速、有效地对项目目标和客户需要做出反应。

项目型组织的优点如下：

① 项目经理拥有项目全权，易于管理与决策。

② 面向顾客，对顾客提出的问题快速做出反应。

③ 团队工作针对项目，资源获得更容易。

④ 结构简单，项目成员直接向项目经理汇报，沟通便捷、有效。

⑤ 团队的工作忠于项目，有利于提高工作效率。

⑥ 项目的成功会使团队成员得到很大的成就感与获得感，从而激励团队成员增强对项目工作的积极性。

项目型组织的缺点如下：

① 管理成本高，占用的资源与设备多，公司资源利用率低。

② 项目组间的沟通和公司整体沟通欠佳，不利于知识和经验的分享。

③ 员工缺乏事业上的连续性，项目结束必须转入下一个项目。

④ 团队以项目目标为导向，可能会忽略其他方面的考虑。

图 3 - 4 所示为项目型组织结构示意图。

图 3 - 4　项目型组织结构示意图

3. 矩阵型组织结构

矩阵型组织结构又称为规划 – 目标结构，是职能型组织与项目型组织的混合体。把按职能划分的部门和按项目（或产品、服务等）划分的部门结合起来组成一个矩阵，同一名员工既与原职能部门保持组织与业务上的联系，又参与项目或产品小组的工作。

矩阵型组织结构是由美国日裔学者威廉·大内在 1981 年出版的《Z 理论》一书中提出来的。职能部门是常设机构，项目组织是临时机构，项目组织与职能部门同时存在，既发挥职能部门纵向优势，又发挥项目组织横向优势。职能部门负责人对参与项目的人员组织调配和业务指导，项目经理将参与项目的职能人员在横向上有效地组织在一起。项目经理对项目的结果负责，而职能经理负责为项目的成功提供所需资源。

矩阵型组织既有项目型组织结构注重项目和客户的特点，又保留了职能型组织结构的职能特点。矩阵型组织是一种很有效的组织结构，这种结构将职能与任务很好地结合在一起，既可满足对专业技术的要求，又可满足对每一项目任务快速反应的要求。

矩阵型组织结构的优点如下：

① 项目目标明确，项目经理对项目负责。

② 最有效地利用公司整体资源，几个项目可以共享稀缺的资源。

③ 客户与项目经理直接沟通，对客户可以快速响应。

④ 项目完成后，原职能部门的技术专家依然保留在原部门，有利于积累知识。

⑤ 职能部门给予项目更多支持，有利于问题的解决。

⑥ 很好地改善与协调跨职能部门的工作。

⑦ 更好地平衡项目质量、成本和时间等制约因素。

⑧ 组与组的沟通更为顺畅，有利于知识与经验的共享。

尽管矩阵型组织结构是职能型组织与项目型组织的混合体，保留了职能型与项目型组织结构的优点，但矩阵型组织结构也有自身的问题，只有在企业达到很优秀的管理水平，拥有完好的流程体系和优秀的管理者的情况下才能实现其优点。企业在创建矩阵型组织结构时要注意以下问题：

① 结构复杂，多重领导。

② 对人员的管理没有足够的激励与惩罚手段。

③ 当同时有多个项目时，分享稀缺资源会导致部门间的矛盾。

④ 资源分配与项目优先的问题产生冲突。

⑤ 管理成本会增加，需要的程序更多。

⑥ 项目团队成员容易产生临时观念，影响工作责任心，对工作有一定影响。

⑦ 多重汇报，容易出现信息混乱。

图 3-5 所示为矩阵型组织结构示意图。

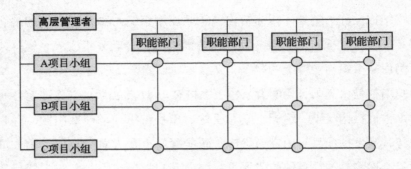

图 3-5　矩阵型组织结构示意图

3.2.6　制订项目进度计划

项目组根据顾客的大日程编制项目进度计划。项目进度计划是表达项目中各项工作的开展顺序、时间及各项工作相互关系的计划。项目进度计划是项目进度控制和管理的依据，制订项目计划的目的是控制项目时间和节约时间。

项目的实施过程可分为几个阶段，每个项目阶段可以分为多项具体的工作，每个工作又可以分为一系列的项目活动，项目的逐层分解形成工作分解结构（WBS）。工作分解结构是制订进度计划的基础。

项目进度计划包括每一项具体活动的计划开始日期和计划完成日期及图示等信息。制订项目进度计划的方法主要有里程碑计划、甘特图和网络计划，根据项目的规模大小、复杂程度、紧急性、技术条件和顾客的要求等选择合适的方法来编制项目进度计划。

汽车零部件行业的项目进度计划大多使用 Excel 表格编制甘特图的形式，但本书推荐使用 Microsoft Project 软件。Microsoft Project 是微软公司推出的优秀的项目管理软件，它不仅可以实现项目时间进度的管理，对项目资源的计划与管理、项目信息的查询、工期的优化以及项目进展状况的分析等也提供了很强的功能。

项目进度计划的编制与应用应注意以下几点：

① 项目进度计划满足顾客的时间要求，计划节点要早于顾客计划。

② 项目进度计划是动态的。

③ 项目进度计划制订和更改要得到项目组每个成员的同意。

表 3-8 所示为用 Excel 编制的项目进度计划表示例，图 3-6 所示为用 Microsoft Project 软件制订的项目进度计划示例。

表3-8 项目进度计划表示例

项目进度计划

产品名称： 　产品图号：　客户名称：　编制日期：　文件编号：××××－××××

序号	工作内容	天数 开始	天数 完成	1月	2月	3月	4月	5月	6月	7月	8月	9月	10月	11月	12月	责任部门	责任人	完成日期	备注
	主要时间节点	计划							时间进度甘特图										
0	项目开始																		
0.1	收集顾客信息																		
0.2	可行性分析																		
0.3	报价																		
0.4	成立项目组																		
0.5	建立APQP计划																		
1	第一阶段：计划和确定项目																		
1.1	确定设计目标																		
1.2	确定可靠性和质量目标																		

（续）

序号	工作内容	计划 开始	计划 完成	天数	时间进度甘特图 1月	2月	3月	4月	5月	6月	7月	8月	9月	10月	11月	12月	责任部门	责任人	完成日期	备注
	主要时间节点																			
1.3	初始材料清单																			
1.4	初始过程流程图																			
1.5	初始特殊特性清单																			
1.6	产品保证计划																			
1.7	阶段评审与确认																			
2	第二阶段：产品设计和开发																			
2.1	DFMEA																			
2.2	产品设计																			
2.3	设计验证																			
2.4	设计评审																			
2.5	输出工程图																			
2.6	工程规范																			

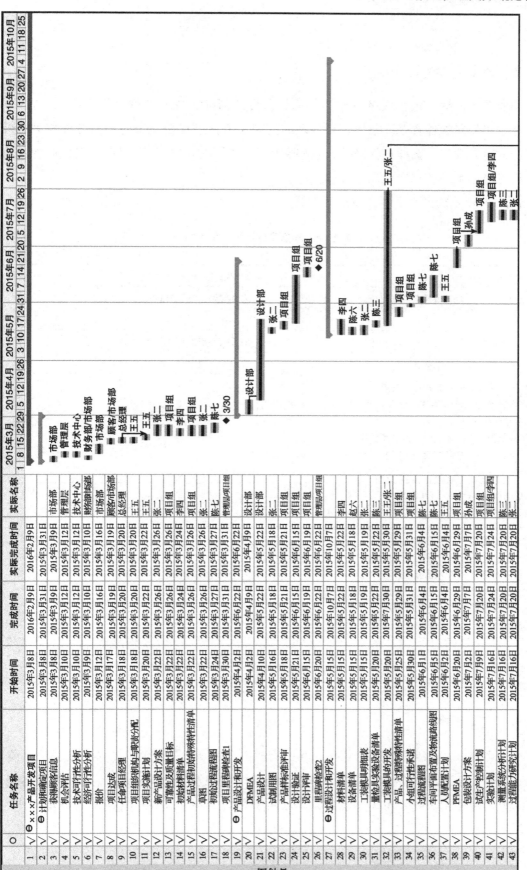

图3-6 项目进度计划示例

3.2.7　外来文件的评审

外来文件包括从顾客或组织外的其他处获得的图样、技术文件、标准和数据模型等。组织对这些外来文件要采取措施进行管理和控制。项目小组会获得与产品开发相关的外来文件，如边界数据、图样和标准等，这些文件要由项目小组对其适用性、完整性等进行评审，然后根据组织的规定使用或存档。

表3-9所示为外来文件评审记录示例。

表3-9　外来文件评审记录示例

编号：QT×××××-×××

文件名称：×××产品 3D 数据		文件编号：×××-×××
文件来源：×××汽车公司采购部		文件类型：电子数据
评审记录		
新版文件版次/日期：A/20××.×.××		旧版文件版次/日期：
新版文件要求		旧版文件要求
1）数模保存完好，并能打开阅读 2）本数模为 CATIA 格式，我公司现有软件 CATIA V5R20 能正常打开和编辑 3）该数模为产品数模，结构设计合理 4）可根据 3D 数模结合 2D 图样及样件进行产品的试制开发		
是否需要进一步行动：■是　□否 如果否，说明原因；如果是，填写下面栏目内容		
需制定新工艺文件　　是■　否□ 需更改工艺文件　　　是□　否■ 需查阅相关标准　　　是■　否□ 需发放给有关部门　　是□　否■ 需翻译有关内容　　　是□　否■ 其他行为　　　　　　是■　否□		说明：需刻录光盘保存数据，结合图样、样件详细分析产品、设计生产用图样
评审人员：		评审日期：

3.2.8　顾客财产

由顾客提供，供组织使用或管理，其所有权归顾客所有的产品、工装、模具、包装物、标准、图样及知识产权等物品。项目组接收的与项目开发有关的顾客财产一般由项目组管理，项目结束按顾客要求或公司规定返还顾客或移交公司管理。表3-10所示为顾客财产清单示例。

表 3 - 10　顾客财产清单示例

编号：××××-××××

项目名称				顾客名称				
序号	财产名称	规格	数量	接收日期	状态	接收人	处置	备注

3.3 计划和确定项目的输出

3.3.1 设计目标

设计目标就是将顾客的声音转化为可测量的设计目标。设计目标的正确选择和制定可确保顾客的声音不会在后续的设计活动中消失。顾客的声音还包括法规的要求，如材料成分报告和聚合物零件标记等。设计目标的记录文件使用"产品设计任务书""产品设计方案"等。表 3-11 所示为产品设计任务书示例。

表 3-11 产品设计任务书示例

文件编号：QT×××××-×××

项目/车型	A05-32	顾客	×××汽车公司
产品名称	呢槽	产品图号	12345-67890
设计日期	×年3月15日—×年5月15日	责任人	设计部/×××

设计内容（包括产品主要功能、性能、技术指标和主要结构等）：
1）断面设计。产品共有四个断面，要求与窗框钣金配合良好，保证夹持力，保证密封性
2）接角设计。三个接角，接角区域与钣金随型过渡，考虑防错设计
3）材料。HA75+5 的 EPDM 密实橡胶，与玻璃接触区域喷涂
4）可靠性。干磨20000 次，湿磨10000 次（500g），滑动阻力≤4N
5）适应性。设计时需考虑玻璃在 Y 向的晃动量，满足晃动量为外侧≤1.5mm，内侧≤2mm

设计方式：
1）CATIA 软件三维造型、2D 图绘制
2）唇边的压缩特性使用 CAE 仿真分析
3）制作手工样件验证

标准、法律法规的要求：
1）材料、性能符合 QC/T 639《汽车用橡胶密封条》
2）磨损试验参考 QC/T 711-2004《汽车密封条植绒耐磨性试验方法》
3）产品和材料的标识符合顾客×××标准的要求

顾客的特殊要求：　■有　□无
1）至顾客处，与顾客同步设计
2）2D 图绘制使用顾客的格式

备注：

项目组会签：		批准：	日期：

3.3.2　可靠性和质量目标

可靠性目标是在顾客的需要和期望、计划目标及可靠性标杆的基础上制定的。如，产品生命周期内无安全失效，属于顾客的需要和期望的一个范例。有些可靠性基准来源于竞争对手产品的可靠性、保修数据，或在一定时间内修理的频率。

质量目标的确定应基于指数，诸如每百万零件的不合格数（PPM）、缺陷水平或废品降低率等。

表 3 - 12 所示为可靠性和质量目标示例。

表 3 - 12　可靠性和质量目标示例

编号：QT×××××-×××

项目/车型	×车型		顾客	×××汽车公司
产品名称	电动玻璃升降器		**产品图号**	××-××××××
可靠性目标： 1. 升降 2 万次（1 个往复为 1 次）无故障 ……				
质量目标： 1. 0km PPM≤50 2. 量产初期（3 个月）售后索赔：0 件 3. 销售 3 年后顾客不满件数：少于 5 件				
备注				

项目组成员会签

姓名	日期	姓名	日期
姓名	日期	姓名	日期
姓名	日期	姓名	日期
编制/日期		批准/日期	

3.3.3　初始材料清单

项目小组在项目的初步策划阶段，在对产品和过程假设的基础上制定初始材料清单。初始材料清单是对所设计的产品制造所需的所有材料、零件的设想，初始材料清单要包含潜在供应商。对识别初始产品/过程的特殊特性，选定合适的设计和制造过程，打好基础。表3-13所示为初始材料清单示例。

表3-13　初始材料清单示例

文件编号：QT××××-×××

产品名称		××密封条		产品图号	125345-67890
项目/车型		××车型		顾客名称	××汽车股份有限公司
材料清单					
序号	名称		型号/规格	生产厂家	潜在供方标记
1	EPDM（密实橡胶用）		4802	DSM	
2	EPDM（海绵橡胶用）		4703	DSM	
3	碳黑		N550	上海卡博特	
4	碳酸钙		T250	××公司	
5	硫黄粉			山东××硫黄粉厂	
6	石蜡油			××助剂厂	
7	钢带		0.5×35	××钢带厂	√
备注：					
编制		审核			批准

3.3.4　初始过程流程图

过程流程图是将实际流程使用一定的图形符号表现出来的图示，它可以直观地描述有关工作活动的顺序。过程流程图用来说明产品或服务形成的全过程，使用图形和符号表示过程或操作，使用箭头线表示流程。过程流程图为设计产品制造过程提供了一种交流和分析的工具。初始过程流程图是对产品制造过程进行的前期设想，制订依据是初始材料清单和产品/过程的假设。表3-14所示为初始过程流程图示例。

表 3 – 14　初始过程流程图示例

项目/车型：×××　××× ×××　×× 车型　　　零件名称：制动器总成　　　供方名称：××× 有限公司　　　文件编号：QT××××××–×××

核心小组：　　　编制人/日期：　　　零件号码：12345 –67890　　　供应商批准人/日期：　　　联系电话：

编号 No.	制造 P	移动 M	储存 S	检查 C	操作描述	编号	关键产品特性	编号	关键过程特性
010	■	●	▲	◆	材料入库储存	011	尺寸		
020	■	●	▲	◆	搬运/周转车 转向节轴承压装			021	压力：2 ~3MPa
030	■				轮毂压装螺栓			031	压力：2 ~3MPa
040	■				轮毂与转向节压装			041	压力：(9 ±1) MPa
050				◆	检验	051 052 053	制动盘平面度：≤0.15mm 密闭压力保持 3 ~5s，压力表指针无变化 表面整洁无油污		
060	■	●			包装 搬运/周转车			061	12 件/盘×5 盘，60 件/箱
070			▲		入库储存				

3.3.5　产品和过程特殊特性的初始识别

产品和过程特殊特性的识别，即识别产品的特殊特性和过程的特殊特性。早期识别产品和过程的特殊特性，并将这些特性在产品生产中加强控制，保证在后续的生产和检验过程中得到足够的重视，可有效地提高生产的稳定性，降低缺陷的发生概率。

特性是指某一事物所特有的性质。这里分为两类，即产品特性和过程特性。

产品特性是指产品本身所具有的材料、外观、尺寸和性能等特性。这些特性一般在图样或技术规范文件中进行描述。

过程特性是指为实现产品特性所发生的制造过程参数。需要注意的是，一个产品特性可能需要几个过程来实现，而一个过程也可能影响到几个产品特性。

IATF 16949：2016 第 3.1.36 章节对特殊特性做出了明确的解释："可能影响产品的安全性或法律法规符合性、配合、功能、性能或其后续过程的产品特性或制造过程参数"。

产品的每一个尺寸、性能都是产品的特性。除了上述这些特殊特性外，其余的特性就是非特殊特性，也叫作一般特性。非特殊特性也需要进行控制，只是控制方法和抽样可能会异于特殊特性。

根据对顾客满意的影响程度和对车辆/项目的基本性能的影响程度，将特殊特性进行分级或分类是必要的。对特殊特性进行分级/分类可以在后续控制中确定优先控制策略，对资源的合理分配等方面提供很大的帮助。

特殊特性根据顾客的要求和/或企业的特点进行分级/分类，一般分为两级/两类。法律法规要求和对安全性有显著影响的特性，如安全、排放、行驶、制动、转向和阻燃等方面要求的特性为一级/类，可以称为关键特性。对装配、性能、外观有重大影响，严重影响顾客满意度的特性为一级/类，可以称为重要特性。

为了保持特性的一致性，特殊特性的符号应统一。大多数汽车整车厂都对特殊特性符号有明确的规定，有专用的符号。尤其是重要保安件，一般会要求供应商使用顾客指定的专用符号，如日产的特殊特性要求、丰田的重要度标识要求、克莱斯勒汽车公司的"盾形关键特性指南"、通用汽车公司的"关键特性选定体系"等，都对特性符号做了特别规定。供应商应使用顾客的符号，若顾客同意，可使用顾客同意的与顾客相一致的供应商符号。

对于汽车零部件供应商，为使产品实现的各个阶段、各类文件相统一，应该对顾客要求之外的特殊特性符号进行规定。在规定特性符号时，要注意进行分级分类，可遵循如下方法：

1）对影响安全和政府法律法规的可单独作为一类。

2）产品的特殊特性可按关键和重要程度进行分类。

3）过程的特殊特性可按对产品性能和装配尺寸影响的程度进行分类。

对于特殊特性的识别与确定，若顾客有要求，应遵循顾客的要求，此外由供应商组织的多功能小组根据其对产品和过程的经验进行识别和确定。特殊特性的识别主要考虑以下几方面：

1）顾客指定的特殊特性。一般情况下，顾客通过给供应商输入一些要求信息来体现，这些信息包括图样、标准和技术协议等。

2）安全和法规。要从人身安全和政府法规的角度考虑，如车内饰的阻燃性是属于与安全有关的特性；对氮氧化物（NO_x）、一氧化碳（CO）和碳氢化合物（HC）排放的限值要求属于政府法规的要求。

3）产品的功能、性能、可靠性，如密封条的密封性、内饰的装饰性、零件与钣金的配合性等。这些特性在产品设计初期一般会由顾客指定，若顾客没有指定，供应商应根据经验和知识进行识别。

4）预期的制造过程和经验。主要是从供应商以往的制造经验，对产品实现过程固有的特性进行识别，如一些特殊的制造过程参数。

5）类似产品的失效分析。从以往类似产品的 FMEA 中寻找经验，转化为产品和过程的特殊特性。

6）为便于特殊特性的识别，产品特性和过程特性的分级或分类可分别定义。

7）注意区分产品特性和过程特性，如材料性能属于产品特性，材料的配比属于过程特性。

产品和过程的特殊特性确定后，应形成文件的形式，即产品和过程的特殊特性清单。计划和确定项目的重要输出之一就是产品和过程特殊特性初始清单，多功能小组通过对顾客的需要和期望的输入与分析，制定产品和过程特殊特性初始清单。这一清单的制订基于但不限于以下方面：

1）基于顾客需要和期望分析的产品假设。

2）可靠性目标和要求的确定。

3）从预期的制造过程中确定的过程特性。

4）类似零件的 FMEA。

以产品和过程特殊特性清单规定为基准，这些特殊特性至少体现在过程流程图、车间平面布置和物流路线图、FMEA、控制计划和作业指导书中，并保证一致性。在这些文件中主要以标记特殊特性符号的方式来体现。

　　另外，特殊特性清单也是动态文件，持续改进应扩张到产品特性和过程特性上，优先考虑特殊特性。由于制造设备、生产工艺和测量系统等因素的改善，特殊特性也会有相应的变动，所以要及时地调整更新特殊特性清单和相关文件，保证其动态受控和有效性。

　　表 3 – 15 和表 3 – 16 所示为产品和过程的特殊特性初始清单两个示例。

表 3 – 15　产品和过程的特殊特性初始清单示例 1

文件编号：QT××××-×××

核心小组：张×、陈×、李×、王×　　　　　　　　　　　　　　编制日期：2017 年×月×日

项目/车型		×车型	顾客名称		××汽车有限公司	
产品名称		高压绝缘线码	产品图号		××××-××××××	
阶段状态		■第一阶段（初始）　□第二阶段		修订日期		×年×月×日
序号	特性名称	产品特殊特性	过程特殊特性	特殊特性符号		备注
1	阻燃性	≤100mm/min		★		
2	耐高压等级	≥2kV		★		
3	尺寸 1	（15 ± 0.5）mm		●		
4	尺寸 2	φ（8.5 ± 0.2）mm		●		
5	料筒温度		（240 ± 10）℃	●		
6	注射压力		（13 ± 1）MPa	●		
7	注射时间		（13 ± 1）s	●		
8						
9						
10						
11						
12						
13						
14						
注：1. ★ 表示与法律法规和安全有关的特殊特性。 　　2. ● 表示对装配、性能、外观有重大影响的特殊特性。						
编制/日期		审核/日期		批准/日期		

表 3 - 16　产品和过程的特殊特性初始清单示例 2

文件编号：QT×××××－×××

序号	产品特性及特性值	特性符号	控制方法	过程特性及特性值	控制方法	特性符号
	项目/车型：×××A 项目			顾客名称：×××汽车零部件有限公司		
	规格型号：12345－67890			产品名称：××密实橡胶		
1	邵尔 A 硬度：（70±5）HA	▲	试验报告	A 段密炼温度：（150±10）℃ A 段密炼时间：（10±2）min B 段密炼温度：（85±5）℃ B 段密炼时间：夏季：（35±5）s 　　　　　　冬季：（45±5）s 开炼温度：≤85℃ 开炼时间：（70±10）s	监控记录	▲
2	拉伸强度≥7MPa	▲	试验报告			
3	扯断伸长率≥250%	▲	试验报告			
4	压缩永久变形≤35%	▲	试验报告			
5	脆性温度：≤－40℃	▲	试验报告			
6	耐臭氧性：无龟裂	▲	试验报告			

注：▲表示重要的产品功能、性能和装配尺寸特性。

编制：　　　　　　审核：　　　　　　批准：

3.3.6　产品保证计划

产品保证计划是产品质量计划的重要组成部分，是以预防为主的管理工具，涉及产品设计、过程以及必要的软件设计。产品保证计划是基于顾客需求和期望，将设计目标转化为设计要求。产品保证计划的文件化形式可以采用任何清晰易懂的格式，应包括如下内容：

① 概述项目要求。

② 确定可靠性、耐久性及分配目标和/或要求。

③ 评定新技术、复杂性、材料、应用、环境、包装、服务和制造要求或其他任何会给项目带来风险的因素。

④ 进行失效模式分析，如 FMEA。

⑤ 制定初始工程标准要求。

表 3 - 17 所示为产品保证计划示例。

表 3 - 17　产品保证计划示例

文件编号：QT×××××－×××

项目/车型	×××车型	顾客名称	×××汽车公司
产品名称	组合仪表	产品图号	12345－67890
一、项目要求概述 （概要说明新产品项目开发的各项要求和/或顾客对产品的各项要求）			

（续）

二、可靠性/耐久性目标				
序号	项目	目标值	控制方法	备注

三、风险分析/评估				
序号	项目	可能带来的风险	解决方法	备注
1	新技术			
2	复杂性			
3	应用			
4	材料			
5	包装			
6	服务			
7	制造			
8	环境			
9	其他			

四、过程能力指标			
序号	项目	目标值	备注
1	PPK		
2	CPK		

五、初始工程标准

A、原材料（进货检验和试验）部分

序号	原材料名称	初始质量要求	控制方法	备注
1				
2				

B、过程（工序检验和试验）部分

序号	工序检验项目	初始质量要求	控制方法	备注

（续）

C、成品（最终检验和试验）部分				
序号	成品检验项目	初始质量要求	控制方法	备注
D、包装要求				
序号	包装检验项目	初始质量要求	控制方法	备注
E、其他标准要求				
编制		审核		批准

3.3.7　管理者支持

这里的管理者一般是指高层管理者，他们对整个组织的管理负有全面的责任。高层管理者对项目的兴趣、承诺和支持，是 APQP 小组成功的关键。管理层参与产品质量策划会议对确保项目成功是至关重要的。邀请管理层参与产品质量策划会议是保证管理层关注、获得最新信息，支持和向顾客提供承诺的有效策略。

在产品质量策划每个阶段结束时，多功能小组应将项目进展情况报告给管理者，以保持其对项目的兴趣，并进一步获得管理者的承诺和支持。根据项目的复杂性、主要性等实际情况，报告的频率可以增加，对于所需的管理者支持留有提问和解答的空间和机会。

多功能小组的最初目标，就是通过表明已满足所有的策划要求，和/或关注的问题已写入文件并列入解决的目标，来保持管理者的支持。包括项目进度和对支持产能的资源和人员的策划。

管理者参与的产品质量策划会议需形成会议记录，作为项目开发管理者支持的证据。会议也是沟通最重要的方式，是分享项目信息、明确方向和解决问题的有效方式。表 3 - 18 所示为会议记录的一个示例。管理者支持相关的文件记录形式也可以在项目阶段性总结或里程碑检查时表现，见表 3 - 19 和表 3 - 20 的示例。

表 3－18　项目会议记录示例

文件编号：QT××××××－×××

会议名称	项目进展会议	项目名称	××项目
会议时间		会议地点	
会议主持		会议记录	
出席人员			

会议内容（议程）			

内容			

项次	决议内容	责任单位或个人	预计完成日期	备注
①				
②				
③				
④				
⑤				
⑥				
批示				

表 3－19　项目策划阶段性总结示例

文件编号：QT××××××－×××

项目/车型	×××车型	顾客名称	×××汽车公司
产品名称	进气道总成	产品图号	××××－××××××

一、APQP 实施和执行阶段

■ 第一阶段：计划和确定项目

□ 第二阶段：产品设计和开发

□ 第三阶段：过程设计和开发

□ 第四阶段：产品和过程确认

（续）

二、APQP 实施和执行工作状况（包括每一阶段的质量风险、开发成本、准备时间/前置期、关键路径等内容）
接到项目后，进行了可行性分析，在经济、技术、制造和时间等方面可行，利润率×%，年利润××元
成立了以王××为项目经理的项目组，对顾客的要求与期望进行分析与转化，制订项目进度计划，确定了项目目标，对产品的可靠性、材料、过程和特殊特性等进行了初步的策划
目前为止，项目按进度计划进展正常，满足顾客的要求，没有需要解决和遗留的问题
经项目组评审，项目可以进入下一阶段

三、项目小组成员签字	
	日期：

四、公司高层管理者对 APQP 实施和执行工作的总结和支持
总经理（签名）：
日期：

备注	

表 3－20　项目里程碑检查表示例

文件编号：QT×××××-×××

项目/车型：×××车型		项目编号：×××××		检查日期：×年×月×日	
项目经理：李××		检查人员：			
里程碑：项目的确定					
序号	检查点		是	否	完成程度/说明
1	是否已有企业战略计划？				
2	是否已确定了经济性和技术性框架？				
3	是否已有关于市场的详细信息？				
4	是否已有质量方面的信息？				
5	是否考虑到关于竞争对手的资料？				
6	是否考虑到类似产品的资料？				
7	是否进行了优势/劣势分析？				
8	是否基于以上内容对项目的可行性进行了分析？				
9	是否确定了项目关于时间、质量和成本等方面的目标？				
10	是否对项目进展过程中的风险进行了估计？				

（续）

序号	检查点	是	否	完成程度/说明
11	是否进行了项目的组织策划（任命项目经理、成立项目小组）？			
12	项目计划是否已制订？			

备注：

结果：　　　　　　　　　　　是　否　　　　　　　说明（当结果为有条件认可或不予认可时需填写）：

给予认可　　　■　□
有条件认可　　□　□
不予认可　　　□　□

项目组成员签字：　　　　　　　　　　　　　高层管理者意见：

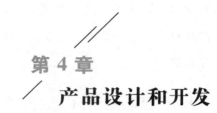

第 4 章
产品设计和开发

在确定项目之后，APQP 第二个阶段进行产品的设计与开发，产品设计与开发将第一阶段的输出作为输入。输出分为两大类，即产品设计输出和产品质量策划小组的输出。

产品设计和开发要完成产品特征和特性的设计，并完成手工样件的制作与验证。即使产品设计由顾客或部分由顾客进行，项目小组也要充分考虑所有设计要素。一个可行的设计必须满足产量、工期和工程要求，满足质量、可靠性、投资成本、重量、单件成本和时间目标。尽管可行性研究和控制计划主要是基于工程图样和规范的要求，但是从本阶段的分析工具，如 DFMEA 等，也能获取有价值的信息，以进一步确定和优先考虑产品的特殊特性和过程控制的特性。

产品设计和开发要保证对技术要求和其他有关技术资料进行全面、严格的评审；进行初始可行性分析，以评价产品在制造过程中可能发生的潜在问题。

APQP 产品设计和开发阶段示意图如图 4-1 所示。

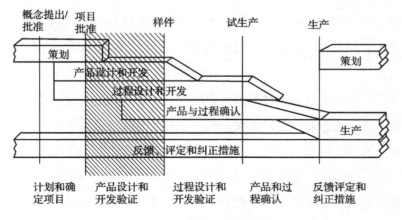

图 4-1　APQP 产品设计和开发阶段示意图

4.1　设计输出

若供应商有产品设计责任，则需要完成产品的设计。产品设计一般由组织的设计部门来完成。产品设计的主要工作包括设计失效及后果分析、产品的可制造性和装配性设计、产品设计验证与评审、手工样件的制作、图样和数学模型的设计、工程规范和材料规范的评审等。

4.1.1　设计失效模式及后果分析（DFMEA）

1. FMEA 概述

FMEA，包括 DFMEA（设计 FMEA）和 PFMEA（过程 FMEA）。

FMEA 是一种可靠性设计的重要方法，用于确保在产品和过程开发（APQP）过程中，对构成产品的子系统、零件，对构成过程的各个工序潜在的问题逐一进行分析，从而预先采取有效的预防或纠正措施，以提高产品的质量和可靠性的一种系统化的方法。FMEA 是 APQP 的关键部分，它的结果是体现多功能小组集体知识的文件化。FMEA 实际上是 FMA（故障模式分析）和 FEA（故障影响分析）的组合。它对各种可能的风险进行评价、分析，以便在现有技术的基础上消除这些风险或将这些风险减小到可接受的水平。

20 世纪 50 年代，FMEA 的方法最初应用于美国格鲁曼（Grumman）飞机公司在研制飞机主操纵系统的分析，当时只进行了故障模式影响分析，而未进行危害性分析，但取得了良好的效果。

及时性是成功实施 FMEA 的最重要因素之一，FMEA 是一种事前行为，预先（UP-FRONT）花时间完成 FMEA，会降低后期更改的风险，使产品和过程的更改在最容易和最低成本的情况下进行。DFMEA 应该在设计的早期阶段开始，PFMEA 应该在工装或生产设备开发和采购前进行。

FMEA 除用于产品和过程的设计开发，也可用于解决问题方面。另外，FMEA 也能应用于非生产领域，如用于对行政过程风险的分析或安全系统的评估。

FMEA 的开发由多学科（多功能）小组进行，小组成员应具备必要的专业知识。管理层是 FMEA 的拥有者和责任者，应对小组给予直接的支持。FMEA 开发过程一般是：确定小组→确定范围→确定顾客→识别功能、要求和规范→识别潜在失效模式→识别潜在后果→识别潜在要因→识别控制→识别和评估风险→建议措施和结果。

2. DFMEA 简介

DFMEA 是一种以预防为主的可靠性设计分析技术,评定设计失效概率及失效影响,该技术的应用有助于企业提高产品质量、降低成本、缩短研发周期。

以往项目或产品的 DFMEA 是 APQP 过程的重要输入,如产品和过程特殊特性的识别与确认,DFMEA 是其重要输入之一。

DFMEA 是一种动态文件,应在设计概念定案前开始,在生产设计放行前完成。在 APQP 过程及批量生产过程中,根据顾客的要求或组织产品、过程的变更进行相应的更新,作为管理变更和知识的有效工具。

DFMEA 通过以下几方面降低风险,支持设计过程:

① 有助于对设计(包括功能要求和设计方案在内的设计)进行客观评价。

② 对制造、装配、服务和回收要求的最初设计进行评价。

③ 提高在设计/开发过程中,考虑潜在故障模式及其对系统和车辆运行影响的可能性。

④ 为全面、有效的设计开发和项目确认提供更多的信息。

⑤ 根据潜在失效模式对"顾客"的影响,对其进行分级列表,进而建立一套设计改进、开发和验证、试验/分析的优先系统。

⑥ 为建议和跟踪降低风险的措施,提供一个公开的讨论形式。

⑦ 为将来分析研究售后市场情况、评价设计的更改以及开发更先进的设计提供参考。

3. DFMEA 中顾客的定义

DFMEA 过程中要考虑四个主要顾客,分别是终端顾客,包括使用产品的人员或组织;OEM 安装和制造工厂,包括 OEM 生产动作和组装场所;供应链厂商,包括原材料和零件的加工、制造或组装的供应商场所;政府机构的法律法规。识别与确认顾客及顾客的要求,能更充分地确定功能、要求和规范。

4. DFMEA 小组

DFMEA 由负责设计的产品工程师领导,由具有代表性的各学科专家和相关部门人员组成多学科(或多功能)小组进行开发和维护。小组成员应具备必要的专业知识,小组成员应包括但不限于装配、制造、设计、分析、试验、可靠性、材料、质量、服务和供方,以及下一个较高阶或低阶的组装或系统、子系统或零部件设计部门。

5. 制造、装配和可服务性的考虑

DFMEA 应包含任何由设计导致的在制造或装配过程中发生的潜在失效模式和要因。这些失效模式可能通过设计规避或减轻,如预防零件装配在错误位置的设计特性,即防错。当在

DFMEA 分析中不能规避或减轻失效模式时，应记录在措施计划中，其后的验证、后果和控制应传递到 PFMEA 中，PFMEA 应覆盖这些内容。

DFMEA 不依靠过程控制克服潜在的设计弱点，但它可以考虑对制造和装配采取技术和物理限制措施，如必要的拔模斜度、表面处理的限制、装配空间（如加工通道）、钢材硬度局限性、公差/过程能力/性能等。

DFMEA 也应考虑产品进入市场使用后，产品服务的可行性和回收的技术和物理限制，如工具的可获得性、诊断能力、材料分类标记（可回收性）、制造过程中使用的材料/化学品等。

6. DFMEA 的开发

DFMEA 的开发聚焦于最终顾客的产品设计。有效的 DFMEA 开发过程包括：建立工作小组、确定范围、创建描述产品功能和要求的方框图或 P 图、填写 DFMEA 表格。对预期产品特性的清晰和完整的定义更有助于潜在失效模具的识别。DFMEA 表格用于描述任何建议措施和职责在内的分析结果的文件化。

DFMEA 开始前，应确定包含和不包含的内容，了解所需分析的系统、子系统或零部件的开发信息和确定它们的功能要求和特性。在过程开始时确定范围可以确保方向和重点一致。为了确定 DFMEA 的范围，小组应考虑以下方面：

① 产品界面有什么作用、匹配部件或系统？

② 产品的功能或特性会影响其他部件或系统吗？

③ 有需要执行产品预期功能的其他部件或系统提供的输入吗？

④ 在连接的部件或系统中产品功能包含失效模式的预防或探测吗？

7. 方块示意图

方块示意图也叫作框图，表示了产品部件之间的物理和逻辑关系。指出了在设计范围内部件和子系统之间的相互关系，包括信息流、能量、力或流体。目的是通过描述分析的边界范围和接口，明确各组件、零部件之间的关系，理解系统的要求或输入，输入活动的执行或功能的执行，及交付物或输出。

方块图由线将方块连接而成，每一个方块与产品的一个主要部件或过程的一个主要步骤相对应。线表示产品的部件是如何相关的，或相互的界面。组织根据实际情况确定最好方块图的绘制方法和形式。用于 DFMEA 的方块图应作为 DFMEA 附件附在一起。图 4-2 和表 4-1 所示为方块图的两个示例。

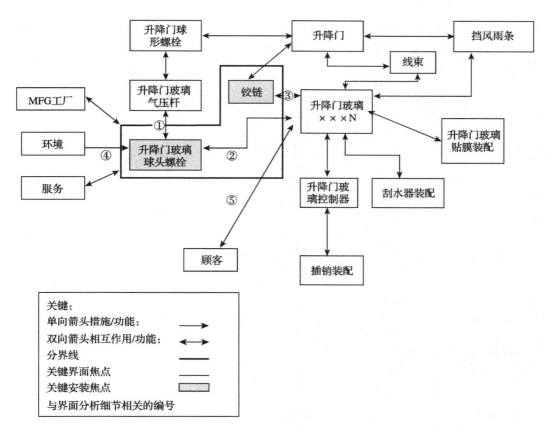

图 4-2 方块图示例

表 4-1 方块图、环境极限示例

文件编号：QT×××××-×××

产品名称	外水切总成	图号/型号	××××-×××××××
系统名称	车门系统	FMEA 编号	×××××
项目/车型	×××车型	编制日期	×年×月×日

一、工作环境极限条件

温　　度	-40~45℃	腐　　蚀	试验计划
摇　　摆	不适用	振　　动	不适用
外部异物	灰尘、雨水	湿　　度	0%~100% RH

二、可燃性（接近热源的部件是什么）
　　无

（续）

三、其他

四、产品的 DFMEA 方块图

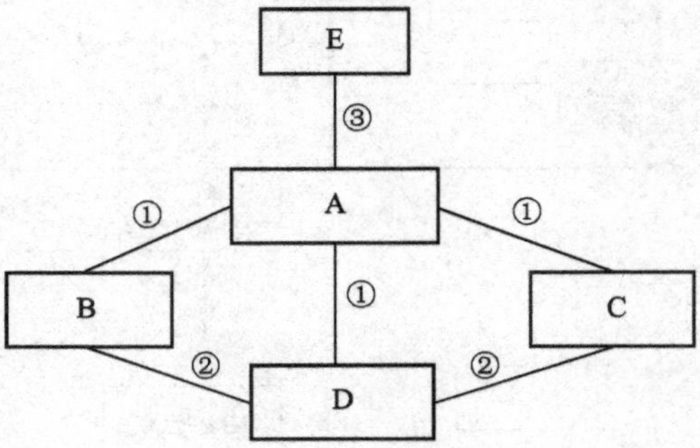

零部件：　　　　　　连接方式：

A：外水切主体　　　① 卡接

B：前堵盖　　　　　② 螺钉联接

C：后堵盖　　　　　③ 不连接（滑动配合）

D：车门外钣金件

E：玻璃

备注		
编制	会签	

8．参数图表

参数图表也叫作 P 图，P 图是用于确定和描述控制因素和错误状态的稳健性工具。P 图可以帮助小组理解与设计产品功能相关物理学的功能，分析那些影响性能的受控和不受控因素的设计输入（信号）和输出（反映或功能）。分析产品设计的输入与输出，即产品的预期功能，有助于识别错误情形、噪声因素和控制因素。错误状态与 DFMEA 中的潜在失效模式相对应。图 4-3 所示为普通催化剂反应器 P 图示例。

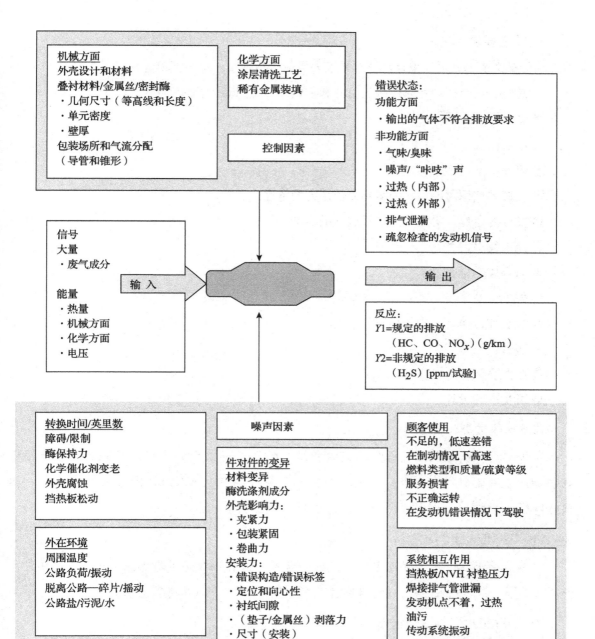

图 4 - 3　普通催化剂反应器 P 图示例

9. 功能要求

功能要求清单是对于设计功能和界面要求的分析编辑。这个清单包括以下内容：

① 总则：这个范畴考虑产品的目的和总体设计意图。

② 安全。

③ 政府法规。

④ 可靠性（功能寿命）。

⑤ 负载和使用周期，从顾客产品使用方面考虑。

⑥ 安静的运作，噪声、振动及刺耳的杂音。

⑦ 流动性保持力。

⑧ 对环境的影响。

⑨ 外形。

⑩ 包装和运输。

⑪ 服务。

⑫ 装配设计。

⑬ 可生产性设计。

10. 其他工具和资源

一些工具和资源以及工程师的经验和历史数据，可以帮助小组理解和确定设计要求和功能。这些工具和资源有：图表、图样等，材料清单（BOM），内部关系矩阵图、界面矩阵图，质量功能展开，质量和可靠性历史数据等。

11. DFMEA 表格

表 4-2 所示为 FMEA 手册第四版建议的样式，其中 RPN（风险优先系数）值极限法的使用作为惯例依然列入表格，但不建议将 RPN 值作为评价风险的基本方法。

12. DFMEA 表格填写指南

按表 4-3 中每个栏目末尾的字母代号描述填写。FMEA 表头部分的内容与表格内容一样重要，需认真、清晰地填写，表头部分填写指南见表 4-4。FMEA 表格的正文部分描述具体失效风险分析及所采取的改进措施，填写指南见表 4-5。

车门　　系统
车门密封　子系统
产品/部件：车门密封条
车型年/项目：×××车型
核心小组：刘×××、陈×××、赵×××、王×××、钱×××、于×××、周××

第×页，共×页
FMEA编号：
编制人：张××（技术中心）
FMEA日期（编制）：×年×月×日（修订）

表 4-2　DFMEA 示例（一）

潜在失效模式及后果分析

（设计 FMEA）
设计职责：技术中心
关键日期：×年×月×日

项目功能	要求	潜在失效模式	潜在失效后果	严重度S	分类	潜在失效要因	现行设计					建议措施	责任及目标完成日期	措施结果				
							控制预防	频度O	控制探测	探测度D	RPN			采取的措施和完成日期	严重度S	频度O	探测度D	RPN
车门密封条 1.密封，防止雨水、风噪、灰尘进入车内 2.缓冲车门关闭的力量	密封，防止雨水、风噪、灰尘进入车内	漏雨、漏风、灰尘进入	因漏雨，导致车内部件或顾客财物、身体淋湿甚至浸泡，损害顾客利益；因漏风，导致风噪过大，顾客行车舒适度降低；因灰尘进入车内部件或顾客财物、顾客身体落灰，引发顾客不满	7		产品密封管结构设计不当/尺寸过小	设计手册(DS1002)/过往问题数据库(DD002)	5	密封性能试验	6	210	提前制造模具，加速试验时间	刘××，产品工程师	子项目计划节点前制造口型模，提前试验，调整结构	7	4	3	84
						产品密封材料配方设计不合理，导致保持力不足	设计手册(DS1002)/过往问题数据库(DD002)	5	压缩负荷试验	5	175	选择类似产品的成熟材料配方，并加速试验	刘××，产品工程师	子项目计划节点前制造口型模，提前试验，确定材料配方	7	3	3	63
	缓冲车门关闭时的力量	缓冲力过大	关门力大，顾客感觉不舒适，引发不满	6		产品密封管结构设计不当	设计手册(DS1002)/过往问题数据库(DD002)	6	压缩负荷试验	6	216	由CAE工程师进行压缩负荷仿真分析	陈×，CAE工程师	使用ABAQUS软件进行仿真分析，调整密封管结构	6	3	2	36
		车门关闭杂音	顾客关门时，密封面与车门钣金接触产生异响，听觉舒适性差	5		喷涂厚度规定错误	设计手册(DS1002)/喷涂材料说明书(MT011)	4	摩擦试验、涂层厚度检测	4	80	选择类似产品的成熟材料，并加速试验	刘××，产品工程师	选用同种基体材料，同种喷涂材料的产品试验	5	3	3	45

表4-3 DFMEA示例（二）

潜在失效模式和后果分析
（设计FMEA）

系统 _____ A		FMEA编号 _____ A
子系统 _____		页码 _____
部件 _____ B　设计职责 _____ C		编制 _____ H
型号年/项目 _____ D　关键日期 _____ E		FMEA日期（原始）_____ F
核心小组 _____ G		

项目 功能	要求	潜在失效模式	失效的潜在后果	严重度	分类	失效的潜在要因	现有设计 控制预防	发生率	现有设计 控制探测	探测率	RPN	建议措施	职责 & 目标完成日期	措施结果 采取措施和生效日期	严重度	发生率	探测度	RPN
						内门板上边缘规定的保护蜡喷涂太低	设计要求（号31268）和最好实践（BP3455）	3	车辆耐久性试验 T-118（7）	7	105	实验室加速腐蚀试验	A. Tate 车身工程师20××年9月3日	基于试验结果（试验编号1481），上边缘规范上升125mm 20××年9月30日	5	2	3	30
						蜡层厚度规定不足	设计要求（号31268）和最好实践（BP3455）	3	车辆耐久性试验 T-118（7）			实验室加速腐蚀试验	A. Tate 车身工程师20××年9月3日	试验结果显示规范厚度是充足的 20××年9月30日	5	2	3	30
												在腊层上做设计试验分析	J. Smythe 车身工程师20××年10月18日	在规定厚度上显示了25%的变异，是可接受的	5	2	3	30

代号	a1	a2	b	c	d	e	f	g	h	(标准)	i	j	k	l	m	(RPN)	n	(探测)	(严重)
行1	LH 前门 H8HX-0000-A	维护内门板的完整	完整破坏，内门板有空气进入	车门内板下部腐蚀，导致：①因漆面生锈，使顾客对外观不满 ②损害车门内附件功能	5		规定的蜡层厚度不足	2	物理和化学实验室试验—报告编号：1265 报告(5) 车辆耐久性试验 T-118(7)	MS-x ×××工业标准	5	50	无						
行2							角落设计预防喷枪喷到所有面积	5	使用无功能的喷头的辅助设计(8) 车辆耐久性试验 T-118(7)		7	175	利用正式量产喷蜡设备和特定的蜡进行评价	T. Edwards 车身工程师和总装部门 20××年 11月15日	基于试验结果：在受影响的区域增加三个排气孔	5	1	1	5
行3							车门板之间空间不足，容不下喷头作业	4	喷头入口图样评估(4) 车辆耐久性试验 T-118(7)		4	80	利用辅助设计模型和喷头进行评价	车身工程师和总装部门 20××年 11月15日	评价显示入口合适 20××年 12月15日	40	4	2	5

表4-4   DFMEA 填写指南（表头部分）

代号	栏目	填写指南
A	FMEA 编号	填入 FMEA 文件编号，以便识别 FMEA 文件，用于文件控制
B	系统、子系统、部件	填入所分析系统、子系统或零部件的名称及编号
C	设计责任	填入负有设计责任的整车厂（OEM）、组织、部门或小组，适当时，也可填入供方名称
D	车型年/项目	填入将使用的和/或所分析设计影响的预期车型年度/项目（如果已知）
E	关键日期	填入 FMEA 首次计划完成的日期，该日期不应超过计划的量产设计发布的日期
F	FMEA 日期	填入 FMEA 原始稿完成日期和最新的修改日期
G	核心小组	填入负责 DFMEA 开发的小组成员。联系信息（包括姓名、组织、电话和电子邮箱等）可使用补充文件作为 DFMEA 的附件
H	编制者	填入负责编制 DFMEA 的工程师姓名、电话及组织名称

表4-5   DFMEA 填写指南（表格部分）

代号	栏目	填写指南
a	项目/功能	项目/功能可以分成两栏或更多，也可合并成一栏来表述。零部件可以在项目/功能栏列出，也可附加一栏来描述项目的功能或要求
a1	项目	填入通过方块图、P 图、图表、图样以及由小组进行的其他分析所识别的项目、界面或零件所使用的术语应该与顾客要求、在其他设计开发文件和分析中使用的术语一致，以确保可追溯性
a1	功能	填入根据顾客要求和小组讨论必须符合设计目的的那些需要进行分析的项目功能或界面。如果在不同的潜在失效模式下，功能有一个以上，强烈建议单独列出每一个功能和相关的失效模式
a2	要求	填入需要分析的每一个功能的要求。如果在不同的失效模式下，功能有一个以上的要求，强烈建议单独列出每一项要求和功能
b	潜在失效模式	按照零部件、子系统或系统的潜在不符合或不能交付项目栏中描述的预期功能进行定义
c	潜在失效后果	按顾客所察觉功能的失效模式后果进行规定。应注意顾客的识别，见本节"DFMEA 中顾客的定义"
d	严重度(S)	填入严重度级别（1~10），严重度为失效模式最严重后果相符的一个值。建议的评价准则见表4-6
e	分类	用于强调高优先的失效模式和它们相关的要因，可填入特殊特性符号
f	潜在失效要因	可分成多栏（如机理、要求），也可合并成一栏 机理：物理的、化学的、电的或其他过程导致的失效 要因：赋予或刺激失效机理的情形
g	发生率(O)	填入发生率等级值（1~10），发生率为在设计寿命内由于特定的要因/机理将导致失效模式发生的可能性。建议的评价准则见表4-7

（续）

代号	栏目	填写指南
h	现有设计控制	作为已完成设计过程的一部分而执行的活动，确保设计功能和可靠性要求的充分考虑 预防控制：消除（预防）失效机理的要因或失效模式的发生或降低发生率 探测控制：项目放行到生产前，通过解析或物理方法识别（探测）要因、失效机理或失效模式是否存在
i	探测度（D）	填入探测度等级值（1～10），探测度是对在现有设计控制探测栏中列出的最好的探测控制的对应等级。建议的评价准则见表4-8
j	风险优先系数 （RPN）	填入RPN值，RPN = 严重度（S）×发生率（O）×探测度（D）
k	建议措施	填写建议的措施，一般地，预防措施比探测措施更可取。如无建设措施，填写"无"。目的是改善设计，降低风险
l	责任及目标 完成日期	填入负责完成建议措施的个人和组织名，包括目标完成日期
m	采取措施和 完成日期	在建议的措施执行后，填入措施的简要描述和实际完成日期
n	S、O、D、RPN	在建议的措施执行后，填入重新评价的严重度、发生率和探测度和重新计算的RPN值

13. DFMEA 手册建议的评价准则

DFMEA 对于严重度（S）、发生率（O）和探测度（D）的评估给出了建议的评估准则，分别见表4-6、表4-7和表4-8。

表4-6 建议的严重度（S）评价准则

后果	判定准则： 产品后果严重度（顾客后果）	级别
未能符合安全和/ 或法规要求	潜在失效模式影响了车辆的安全行驶和/或涉及不符合政府法规，失效发生时无预警	10
	潜在失效模式影响了车辆的安全行驶和/或涉及不符合政府法规，失效发生时有预警	9
基本功能的损失 或功能降低	基本功能损失（车辆无法运行，不影响车辆安全操作）	8
	基本功能降低（车辆可以运行，但是性能、功能等级下降）	7
次要功能的损失 或功能降低	次要功能损失（车辆可以运行，但舒适/便利性功能丧失）	6
	次要功能降低（车辆可以运行，但舒适/便利性功能等级下降）	5
其他功能不良	外观或噪声不符合要求，车辆可以行驶，大多数顾客（>75%）抱怨不舒适	4
	外观或噪声不符合要求，车辆可以行驶，很多顾客（>50%）抱怨不舒适	3
	外观或噪声不符合要求，车辆可以行驶，被有识别能力的顾客（<25%）抱怨不舒适	2
没有影响	没有可辨识的影响	1

表4-7　建议的发生率（O）评价准则

失效可能性	评价准则：针对 DFMEA 要因发生率（设计寿命/项目可靠性/车辆）	评价准则：针对 DFMEA 要因发生率（事件/项目/车辆）	等级
非常高	没有历史的新技术/新设计	≥100 次/1000 个，≥1 次/10 辆	10
高	在新设计、新应用或使用寿命/操作条件的改变情况下不可避免的失效	50 次/1000 个，1 次/20 辆	9
	在新设计、新应用或使用寿命/操作条件的改变情况下很可能发生的失效	20 次/1000 个，1 次/50 辆	8
	在新设计、新应用或使用寿命/操作条件的改变情况下不确定是否会发生的失效	10 次/1000 个，1 次/100 辆	7
一般	与类似设计相关或在设计模拟和测试时频繁失效	2 次/1000 个，1 次/500 辆	6
	与类似设计相关或在设计模拟和测试时偶尔失效	0.5 次/1000 个，1 次/2000 辆	5
	与类似设计相关或在设计模拟和测试时较少发生的失效	0.1 次/1000 个，1 次/10000 辆	4
低	几乎相同的设计，或设计模拟和测试时只有个别的失效	0.01 次/1000 个，1 次/100000 辆	3
	几乎相同的设计，或设计模拟和测试时没有观察到的失效	≤0.001 次/1000 个，1 次/1000000 辆	2
非常低	通过预防控制消除失效	通过预防控制消除了失效	1

表4-8　建议的探测度（D）评价准则

探测机会	评价准则：被设计控制发现的可能性	等级	探测可能性
没有探测机会	没有现行设计控制，无法探测或不能分析	10	几乎不可能
在任何阶段不可能探测	设计分析/探测有微弱的探测能力，实际的分析（如 CAE、FEA 等）与期望的实际操作条件不相关	9	非常细微
快速冻结设计，预先投放	在设计冻结以及在试验（具有如乘坐、操作、出货评价等接受准则下的子系统或系统试验）通过/失败的情况预先投放后的产品验证/确认	8	细微
	在设计冻结和在失效测试试验（子系统或系统测试直到失效发生，系统交互试验等）的情况下预先投放后的产品验证/确认	7	非常低
	在设计冻结以及在降级试验情况下预先投放后的产品验证/确认（耐久试验后的子系统或系统检查，如功能检查）	6	低

（续）

探测机会	评价准则： 被设计控制发现的可能性	等级	探测可 能性
预先冻结设计	使用通过/失效试验进行产品验证（可靠性试验、开发或确认试验），预先冻结设计（如性能、功能检查接受准则等）	5	一般
	使用失效试验（如直到出现泄漏、屈服和破裂等现象）预先冻结设计的产品确认（可靠性试验、开发或确认试验）	4	有点高
	使用降级试验（如数据趋势、前/后的数值等）预先冻结设计的产品确认（可靠性试验、开发或确认试验）	3	高
实质性分析—— 有相关	设计分析/探测控制有强探测能力。在实际或期望的运作条件下预先停止设计与实质性分析（如 CAE、FEA 等）高相关	2	非常高
探测不需用到， 失效预防	通过设计解决方案（如已证实的设计标准、最佳实践或通用材料等）的充分执行预防，失效要因或失效模式不会发生	1	一定

14．DFMEA 与其他文件的关系

DFMEA 不是一个孤立的文件，它与其他文件的关系如图 4-4 所示。

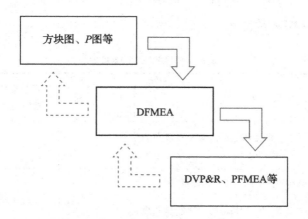

图 4-4　DFMEA 与其他文件的关系

15．其他注意事项

① 只有修改设计才能降低严重度等级。

② 通过设计更改或设计过程更改预防失效模式的要因是降低发生率的唯一方法。

③ 对于是否有措施的需要，不建议使用 RPN 极限排序。

④ DFMEA 为动态文件，当产品设计发生更改和更新时，应对 DFMEA 进行评审与更新。

16. 头脑风暴法简介

头脑风暴法是 FMEA 分析的主要方法，主要用来确定失效模式。头脑风暴法是一种非结构化的方法，它是运用创造性思维和发散性思维以及专家经验，通过会议等形式识别风险的一种方法。

头脑风暴法由美国 BBDO 广告公司的奥斯本首创，该方法主要由价值工程工作小组成员在正常融洽和不受任何限制的气氛中以会议形式进行讨论、座谈，集思广益，打破常规，积极思考，畅所欲言，充分发表个人的看法和意见。

在使用这种方法识别风险时，要允许与会的专家和分析人员畅所欲言，共同分析和发现项目存在的各种风险。组织者要善于提问和引导并能及时地整理项目风险识别的结果，促使与会者能够不断地发现和识别出项目的各种风险和项目风险影响因素。在使用这种方法时需要专家们回答的问题包括：如果实施这个项目会遇到哪些项目风险，这些项目风险后果的严重程度如何，风险的主要成因是什么，项目风险事件的征兆有哪些，项目风险有哪些基本的特性等。

17. DFMEA 检查表

APQP 手册提供了 DFMEA 的检查表，以协助组织的多功能小组对 DFMEA 进行检查和确认。表 4-9 所示为 DFMEA 检查表。

表 4-9   DFMEA 检查表

序号	问 题	是	否	所要求的意见/措施	负责人	完成日期
1	是否使用了克莱斯勒、福特和通用汽车公司潜在的 FMEA 参考手册来制定 DFMEA？					
2	是否已对已发生事件的保修数据进行了评审？					
3	是否已考虑了类似的零件 DFMEA 的习得经验和最佳实践？					
4	DFMEA 是否识别了特殊特性？					
5	对于采购处的 FMEA 标准和适当的控制措施，传递的特性（在供方过程中制造的，不需修改或进一步确认而直接进入组织过程使用的特性）是否和供方一起被识别？					
6	被顾客和组织指定的特殊特性是否和受影响的供方一起被识别？					
7	是否已确认了影响高风险最先失效模式的设计特性？					

（续）

序号	问　题	是	否	所要求的 意见/措施	负责人	完成日期
8	对高风险顺序数项目是否已确定或采取了适当的纠正措施？					
9	对严重度数高的项目是否已确定或采取了适当的纠正措施？					
10	当纠正措施实施完成并经验证后，风险顺序数是否得到修正？					

4.1.2　可制造性和装配设计

当产品设计时，必须对可制造性和装配性进行考虑。如果产品没有很好的可制造性和装配性，会造成生产加工难以实现、装配困难，或生产率降低、废品率增加。当设计产品时有产品的可制造性和装配设计要求时，要考虑后期产品生产过程的制造、工装模具、工艺、节拍、工位器具和内外物流等过程的可实现性，以及各部件之间装配的易操作和防错，以免在后期生产时出现问题，发生设计变更。

可制造性和装配设计是一种同步工程的过程，用来优化设计功能、可制造性和易于装配之间的关系。多功能小组进行可制造性和装配设计的程度取决于顾客需要和期望的范围。小组进行可制造性和装配设计除应考虑以下所列项目，还可以根据多功能小组的知识、经验、产品/过程、政府法规和服务的要求等增加项目。

① 设计、概念、功能和对制造变差的敏感性。

② 制造和/或装配过程。

③ 尺寸公差。

④ 性能要求。

⑤ 部件数。

⑥ 过程调整。

⑦ 材料搬运。

⑧ 可制造性和装配设计的原则可考虑。

⑨ 尽量减少零件的种类和数量，尽量使用标准件。

⑩ 产品中相似特征尽量设计成统一的尺寸。

⑪ 避免内加工。

⑫ 避免使用非标准紧固件。

⑬ 在可能的情况下尽量采用成组的设计技术。

⑭ 尽量减少零件的搬运次数。

表 4 - 10 所示为可装配性与制造设计分析参考表。

表 4 - 10　可装配性与制造设计分析参考表

文件编号：QT×××××-××

项目/车型	×××车型	顾客名称	×××汽车公司
产品名称	进气道总成	产品图号	××××-×××××××

一、设计、概念、功能和对制造变差的敏感性（最佳参数设计）

制造变差项目	可能的影响	最佳值或最佳公差	允许的公差

二、制造和/或装配过程［即原规划的做法（初始的制造和装配流程）有哪些缺失，哪些缺失是可以改善的］

缺失项目	改善方法	负责部门	负责人	计划完成日期

三、性能要求（即原设计的性能要求有哪些缺失，哪些缺失是可以改善的）

性能项目	一般要求	可调整的方法

四、部件数（即对原规划的部件数，可以调整哪些部分予以一体化或简化）

原先部件项目	缺失项目	改善方法	负责人

五、过程调整（即原规划的过程有哪些缺失，对哪些缺失是可以改善的）

原规划过程	缺失项目	改善方法	负责人

（续）

六、材料搬运（即原规划的材料搬运方式有哪些缺失，哪些缺失是可以改善的）			
原规划的搬运方式	缺失项目	改善方法	负责人
备　注			
编　制	会签		批准

4.1.3　设计验证

设计验证是验证产品设计是否满足顾客的要求和目标以及设计输出是否满足设计输入的要求。它主要是通过试验来完成，包括产品的尺寸、外观的测量、功能、性能、耐久性和可靠性试验等。多功能小组应制订设计验证计划，并按计划进行验证。

设计验证计划和报告（DVP&R）是制订的一种贯穿于产品/过程开发，从开始到每一阶段的综合试验计划活动，并文件化的方法。有效的 DVP&R 为工程技术人员提供了准确文件化的工作帮助。DVP&R 的作用表现如下：

1）为保证部件或系统符合所有的工程要求，要求责任部门或人员制订全面而完整的试验计划，以便安排出合理的试验顺序。

2）保证产品可靠性满足顾客要求的目标。

3）对顾客在进度上要求加快试验计划的情况予以重视。

4）为有关责任部门提供一种工作用的工具：

① 汇总功能、耐久性和可靠性试验要求，编入一份文件内，以便查询。

② 为设计评审提供了试验准备情况和进展报告的能力。

如果是克莱斯勒和福特的供应商，该企业将被要求使用 DVP&R。表4-11所示为 DVP&R 参考表。

表 4 - 11　DVP&R 参考表

序号	测试项目	接受标准	试验方法	样本		测试责任人	测试时期	计划日期		实际日期		测试报告			备注
				数量	类型			开始	结束	开始	结束	测试结果	测试报告		

设计验证计划和报告　　DVP 编号：　　部门编号：

零件/总成：　　零件号：　　部门批准：　　计划日期：　　项目批准：　页码：

车型/年：　　平台：　　报告日期：　　计划编制人：　　报告工程师：

测试计划　　测试报告

说明：

4.1.4　设计评审

设计评审是在设计的适当阶段，定期地由多功能小组成员评价设计要求及设计能力和成果是否满足设计要求，并找出问题，确定解决方案。

定期召开设计评审会议，参会人员以设计技术部门为主，并且必须包括其他有影响的相关部门。设计评审不仅是防止问题和误解的有效方法，还是一种监督项目进展及向管理者报告的机制。顾客有要求时需得到顾客的批准。

设计评审不只是工程检验，它包含一系列的验证评价活动，包括但不限于：

① 设计/功能的要求。

② 正式的可靠性和置信度目标。

③ 部件/子系统/系统的工作循环。

④ 计算机模拟和标杆测试结果。

⑤ DFMEA。

⑥ 可制造性和装配设计的评审。

⑦ 试验设计（DOE）和装配产生的变差结果。

⑧ 失效模式试验。

⑨ 设计验证的进展。

设计评审的主要功能是跟踪设计验证的进展。组织应使用 DVP&R 来跟踪设计验证的进展。

设计评审应形成评审记录文件。表 4-12 所示为设计评审记录的文件示例。

表 4-12　设计评审记录的文件示例

文件编号：QT××××× -×××

产品名称			产品图号	
项目/车型			顾客名称	
评审阶段	□ 3D 模型　　□工程图样　　□手工钣金件		□设计完成　□其他	
评审时间			主持人	
评审内容	1. 产品结构设计划是否合理? 2. 是否进行了可制造性和装配设计? 3. 是否考虑了防错? ……			

（续）

评审结果	
评审意见： 　经评审，产品设计满足设计要求	纠正、改进措施： 　无

编制人员会签					

总经理（或总工）意见：

4.1.5　样件制造控制计划

　　IATF 16949 标准 8.5.1.1 条款要求："组织应针对所提供的产品在系统、子系统、部件和/或材料层次上开发控制计划，包括散装材料及零件的生产过程，使用相同生产过程的材料或零件的族控制计划是可以接受的。" IATF 16949 的附录 A 也对控制计划的详细要求做了说明。可见控制计划是企业质量管理体系不可缺少的一部分，是 APQP 非常重要的输出，是质量计划的一种表现形式。条款的要求也指明，若材料或零件的生产使用相同的生产过程、相同的原材料，可以编制族控制计划。

　　控制计划是一种结构化的方法，适用于零件和过程的整个体系，用于协助供应商根据顾客的要求制造出优质的产品。控制计划表格提供了使过程和产品变差最小化的系统的文件化的书面描述。

　　控制计划描述了包括进料、加工和出货在内的过程的每个阶段所需的控制措施，并保证所有的过程输出满足要求所需的阶段性措施。在正式生产运行中，控制计划提供了用来控制特性的过程监视和控制方法。由于过程是不断更新和持续改进的，控制计划应修订，以与过程的改进状况相对应。

　　控制计划在产品的整个生命周期中被保持和使用。早期的开发阶段，控制计划的主要目的是对过程控制的初始计划起到成文和交流的作用，指导在生产过程中如何控制过程并保证产品质量。量产阶段，控制计划作为动态文件使用，反映当前过程使用的控制方法和测量系统。控制计划随着测量系统和控制方法的评价和改进而被修订。

控制计划的制定者为多功能小组，其输入信息包括：

① 过程流程图。

② 系统/设计/过程 FMEA。

③ 特殊特性清单。

④ 从以往类似产品得到的经验。

⑤ 小组对过程的了解。

⑥ 设计评审。

⑦ 优化方法（如 QFD、DOE 等）。

制定并实施控制计划有如下益处：

1）质量方面。预防为主，减少浪费，提高在设计、制造和装配中的产品质量。控制计划识别过程特性，识别导致产品变差（输入变量）的控制方法和变差源（输出变量）的控制方法，为产品和过程提供了一套完整的评价依据和信息。控制计划整合制造过程的要素，并在产品制造或装配的整个过程遵守这个计划，并且万一过程出现问题，可启动反应计划，恢复正常过程。

2）顾客满意度方面。控制计划立足于顾客角度，聚集于将资源用于与重要的特性有关的过程和产品上。通过制订控制计划，系统地将资源进行安排，将资源正确分配在这些重要项目上，有助于在不影响质量的前提下降低成本，成为制造优良产品的条件。

3）交流方面。控制计划作为动态文件，明确地传递产品和过程的特性、控制方法和测量系统的变化。控制计划中记录了制造过程使用的材料、设备、工具和方法等信息，这些信息将作为制作工艺卡的依据，并且将控制计划提供给管理者以评审，有时还要提供给顾客。

4）知识经验积累。控制计划是 APQP 最主要的文件，反映质量策划的结果。企业员工使用控制计划可以很容易地全面了解产品和过程信息。控制计划可作为后续新品的开发、持续改进的文件化依据。

表 4-13 所示为控制计划表样式。表 4-14 所示为控制计划填写指南。表4-15 所示的控制计划检查表可帮助多功能小组制定样件控制计划或检查控制计划是否存在问题。

表4－13　控制计划表样式

①□样件　　□试生产　　□生产

控制计划编号②		主要联系人/电话⑦		日期（编制）⑩	日期（修订）⑪
零件编号/最新更改等级③		核心小组⑧		顾客工程批准/日期（如需要）⑫	
零件名称/描述④		组织/工厂批准/日期⑨		顾客质量批准/日期（如需要）⑬	
组织/工厂⑤	组织代码⑥	其他批准/日期（如需要）⑭		其他批准/日期（如需要）⑭	

第＿＿＿页，共＿＿＿页

零件/过程编号⑮	过程名称/操作描述⑯	机器、装置、夹具、工装⑰	特性 编号⑱	特性 产品⑲	特性 过程⑳	特殊特性分类㉑	方法 产品/过程规范/公差㉒	方法 评价/测量技术㉓	方法 样本 容量㉔	方法 样本 频率㉕	方法 控制方法㉖	反应计划

表 4-14 控制计划填写指南

序号	栏目	填写说明	备注
1	样件、试生产、生产	表示适当的分类： 样件——在样件制造过程中进行的尺寸测量、材料和性能试验的描述 试生产——在样件试制后正式生产前，材料和性能试验的描述 生产——在正式生产中，产品/过程的尺寸测量，试验和测量系统的全面文件化描述	选择合适的阶段，相应选框中打"√"
2	控制计划编号	如适用，输入控制计划文件编号，用于追溯。对于多页的控制计划则填入页码（第 × 页，共 × 页）	文件编号根据组织的文件编码规则确定，页码根据实际填写
3	零件编号、最新更改等级	填入被控制的系统、子系统或部件编号。适用时，填入源于图样规范的最近工程更改等级和/或发布日期	可以填入图号，无更改时可不填写更改等级
4	零件名称/描述	填入被控制产品/过程的名称和描述	一般填写产品的名称
5	组织/工厂	填入制定控制计划的公司/工厂/部门的名称	一般填写公司的名称
6	组织代码	填入制定控制计划的分公司/工厂适当的识别号（如 Duns，顾客供应商代码）	此栏一般填写顾客分配给供应商的代码，若顾客无要求，可不填
7	主要联系人/电话	填入负责控制计划的主要联系人姓名和电话号码，以及其他联系信息，如电子邮件等	联系人一般为项目负责人或小组的核心成员
8	核心小组	填入负责制定控制计划最终版本人员的姓名和电话号码，以及其他信息，建议将所有小组成员的姓名，电话号码和地址都包含在所附的分配表中；如电子邮件等	填写参加编写的小组的代码，可附表填写详细信息
9	组织/工厂批准/日期	如必要，获取负责的制造厂批准	当顾客无明确要求时，组织可进行自我批准。由组织规定的批准权限人员，如总工程师、技术副总签字批准
10	编制/日期	填入首次编制控制计划的日期	
11	日期（修订）	填入最近修订控制计划的日期	无修订可不填

（续）

序号	栏目	填写说明	备注
12	顾客工程批准/日期	如必要，获取负责的工程批准	当顾客无要求时，此栏空白
13	顾客质量批准/日期	如必要，获取负责供方质量代表的批准	当顾客无要求时，此栏空白
14	其他批准/日期	如必要，获取其他同意的批准	适用时批准
15	零件/过程编号	该项编号通常参照过程流程图。如果有多零件编号存在（组件），那么应相应地列出单个零件编号和它们的过程编号	与过程流程图中的过程编号一致
16	过程名称/操作描述	系统、子系统或部件制造的所有步骤都在过程流程图中描述。识别流程图中最能描述所述活动的过程/操作名称	与过程流程图中的过程名称一致
17	机器、装置、夹具、工装	适当时，对所描述的每一操作识别加工装备，如制造用的机器、装置、夹具或其他工具	填写过程所使用的机器、装置、夹具、工装的名称、型号和编号
特性（18、19、20）		对于从中可获取计量或计数型数据的过程或其输出（产品）显著的特点、尺寸或性能，适当时可使用目视法辅助	填写产品或过程的特性名称
18	编号	必要时，填入所有适当文件，如（但不限于）过程流程图、已编号的计划。FMEA、图样和视觉标准，如需要（计算机绘图或其他方式绘图）相互参照用的编号	填写与其他文件相对应的编号，如特殊特性编号、图样上的特性编号等
19	产品	产品特性为在图样或其他主要工程信息中所描述的部件、零件或总成的特点或性能。核心小组应从所有输入来源中识别组成重要产品特性的产品特殊特性。所有的特殊特性都必须列在控制计划中，此外组织可将在正常操作中进行过程常规控制的其他产品特性都列入	填写产品特性名称，如重量、尺寸、外观、硬度和密度等。特殊特性必须列入
20	过程	过程特性是与被识别的产品特性具有因果关系的过程变量（输入变量）。过程特性仅能在其发生时才能测量出。核心小组应识别和控制其过程特性的变差，以最大限度减小产品变差。对于每一个产品特性，可能有一个或更多的过程特性。在某些过程中，一个过程特性可能影响数个产品特性	填写与产品特性实现相关的过程特性名称，如温度、时间、速度、压力和浓度等

	项目	说明	填写要求
21	特殊特性分类	按顾客的要求使用合适的分类来制定特殊特性的类型，或者这一栏可空着用来指定特性。顾客可以使用独特的符号来识别那些如影响顾客安全、法规符合性、功能、配合或外观的重要特性	一般填写特殊特性分类的符号或级别，顾客有要求时可按组织的规定填写，无要求时可按顾客的规定填写
22	产品/过程/规范/公差	规范/公差可以从各种工程文件，如（但不限于）图样、设计评审、材料标准、计算机辅助设计数据、制造和/或装配要求中获得	填写产品或过程的规范和公差，如（25±0.5）mm，铅含量<100mg/kg，（170±10）℃等
23	评价/测量技术	这一栏标明了所使用的测量系统。它包括测量零件/过程/制造装置所需的量具、工具和/或试验装置。在使用用测量系统之前需进行测量系统分析，以确保对监测和测量装置的控制，如对测量系统的线性、再现性、重复性、稳定性和准确度进行分析，并做出相应的改进	填写测量系统或技术的名称
24	样本容量/频率	当需要取样时，列出相应的样本容量和频率	频率指取样的周期，容量是指所取的样本数量
25	控制方法	对于一个有效的控制计划，控制方法是至关重要的因素。这一栏包含了对操作怎样进行控制的简要描述，必要时包括程序编号。所用的控制应是基于对过程的有效分析。控制方法取决于过程的类型，可以使用（但不限于）统计过程控制、检验、计数数据、防错（自动/非自动）和抽样计划等来对操作进行控制。控制计划的描述应反映在制造过程中实施的策划和战略。如果使用复杂的控制程序，该计划将引用程序文件中特定的识别名称和/或编号 为达到对过程控制的有效性，应不断评价所控制的方法，如出现过程变化，如对的重大变化，就应对控制方法进行评价	填写有效的控制方法，如 X-R 图、检查表、自动化检验、工艺指导书等
26	反应计划	反应计划规定了为避免免生产不合格产品或操作失控所需要的纠正措施。这些措施通常应是最接近过程的人员（操作者、作业准备人员或班组长）的职责，并应在计划中清晰地指定。采取的措施应由反应计划指定的负责人员在所有的情况下，可疑或不合格的产品必须进行识别、隔离和处理。本栏还可用来标注特定的反应计划的编号并进行清晰地标识应计的负责人员	填写出现不合格品与操作失控时的立即反应措施

表 4 - 15　控制计划检查表

顾客或组织的零件号：＿＿＿＿＿＿＿＿＿＿＿＿＿＿＿　修订水平：＿＿＿＿＿＿＿＿＿＿＿＿＿

编号	问题点	是	否	不适用	所要求的意见/措施	负责人	完成日期
1	在制定控制计划时是否使用了第 6 章所述的控制计划方法论？						
2	是否所有 PFMEA 识别的控制都包含在控制计划中？						
3	控制计划是否包括了所有的产品/过程特殊特性？						
4	在制定控制计划时是否使用了 DFMEA 和 PFMEA？						
5	是否明确需检验的材料规范？						
6	控制计划是否明确从进货（材料/零件）到制造/装配（包括包装）的全过程？						
7	是否涉及工程性能试验要求？						
8	是否具备如控制计划尺寸所要求的量具和试验设备？						
9	如要求，顾客是否已批准控制计划？						
10	供方和顾客之间的测量方法是否一致？						
11	测量系统分析是否按顾客要求完成？						
12	抽样大小是否基于工业标准、统计抽样计划表或其他的统计过程控制方法或技术？						

制定人：＿＿＿＿＿＿＿　制定日期：＿＿＿＿＿＿＿

　　控制计划特殊特性和数据点坐标法（选用）是控制计划的附件和扩展文件。控制计划特殊特性表包括产品和过程的全部特殊特性，每一个特性都分配一个顺序号，以保证完成控制计划时不会遗漏。控制计划特殊特性的图示说明栏，可以更加清楚地表述特殊特性。必要时可以使用数据点坐标来描述特殊特性的测量点和坐标。

　　表 4 - 16 所示为控制计划特殊特性样表，表 4 - 17 所示为数据点坐标样表。

表 4－16 控制计划特殊特性样表

□样件 □试生产 □生产 控制计划编号		主要联系人/电话		日期（编制）	日期（修订）	第 页，共 页
零件号/最新更改等级		核心小组		顾客工程批准/日期（如需要）		
零件名称/描述		供方/工厂批准日期		顾客质量批准/日期（如需要）		
供方/工厂	供方代号	其他批准/日期（如需要）		其他批准/日期（如需要）		
编号	描述/说明	规范/公差	级别	图示说明		

控制计划编号：

顾客：

表4-17　数据点坐标样表

日期（编制）　　　　　日期（修订）　　　　　第____页，共____页

特性编号	点的标识	X	Y	Z	特性编号	点的标识	X	Y	Z	特性编号	点的标识	X	Y	Z

　　IATF 16949 标准 8.5.1.1 条款还指出："在试生产和生产阶段都有控制计划。"可以理解为试生产和生产阶段必须有控制计划，样件阶段可以不编制控制计划。如果顾客有要求，组织必须根据顾客要求编制样件阶段的控制计划。

　　样件控制计划是对样件制造过程中的尺寸测量和材料、功能试验的描述。样件控制计划应用于样件制作，样件大多是手工样件，也适用于工装样件。样件控制计划主要是验证产品设计，对产品的材料、尺寸和性能检测的描述。检测频率和容量为连续和 100%，样件试制数量一般为 3 ~ 20 件。

　　表 4 - 18 所示为样件阶段的控制计划示例。

　　样件制造可为多功能小组和顾客提供评价产品或服务满足顾客程度的极好方式。组织的多功能小组对样件进行评审，以满足如下要求：

　　① 保证产品或服务符合所要求的规范和报告数据。

　　② 保证已对产品和过程特殊特性给予了特别的注意。

　　③ 使用数据和经验，以制定初始过程参数和包装要求。

　　④ 将关注问题、变差和/或成本影响传达给顾客。

　　样件的评审可使用表 4 - 12 所示的设计评审记录文件样式。样件的尺寸、性能等特性的检测应形成记录。

表4－18　样件阶段的控制计划示例

文件编号：QT×××××-×××

☑样件　□试生产　□生产

控制计划编号：001	主要联系人/电话：陈××/1350000000	编制日期：2016年8月23日	修订日期：
零件编号/最新更改等级：12345－67890	核心小组：见附件列表	顾客工程批准日期（如需要）	第×页，共×页
零件名称/描述：左/右前车门玻璃呢槽	供方批准/日期	顾客质量批准日期（如需要）	
供方/工厂：×××汽车部件有限公司　供方代码：0123	其他批准/日期（如需要）	其他批准日期（如需要）	

过程编号	过程名称/操作描述	机器、装置、夹具工装	特性 编号	特性 产品	特性 过程	特殊特性分类	方法 产品/过程规范/公差	方法 评价/测量技术	方法 样本 容量	方法 样本 频率	控制方法	反应计划
80	胶料性能	设备编号：SY-01	1	硬度		▲	74～80HA	邵氏硬度计	3片试片	1次/批	试验记录	隔离/标识 调整配方
		设备编号：SY-02	2	拉伸强度		▲	≥12MPa	电子拉力试验机	3片试片	1次/批	试验记录	隔离/标识 调整配方
		设备编号：SY-03，压缩工装SY-11	3	扯断伸长率		▲	≥250%	电子拉力试验机	3片试片	1次/批	试验记录	隔离/标识 调整配方
				压缩永久变形		▲	≤30%	老化试验箱	3片试片	1次/批	试验记录	隔离/标识 调整配方
90	尺寸		6	A向尺寸		▲	(1.6±0.2)mm	0～150mm/0.02mm 游标卡尺	100%	全部	检验表	隔离/标识 调整设备
							0.5～1.5mm	0～150mm/0.02mm 游标卡尺	100%	全部	检验表	隔离/标识 调整设备
							(21.8±0.20)mm	0～150mm/0.02mm 游标卡尺	100%	全部	检验表	隔离/标识 调整设备
			7	B向尺寸		▲	(1.6±0.2)mm	0～150mm/0.02mm 游标卡尺	100%	全部	检验表	隔离/标识 调整设备

注：▲为特殊特性标志。

4.1.6　工程图样（包括数学数据）

在工程技术领域，根据投影原理及国家标准规定表示工程对象的形状、大小以及技术要求的图称为工程图样。数学数据指的是以数学计算获得的计算机图形，通常是 3D 形式，即三维数据模型。

汽车行业的工程图样通常使用计算机软件 CATIA 或 AutoCAD 绘制，三维数据模型的设计通常使用 CATIA，在软件版本的选择上，注意与顾客版本的兼容性，以便于双方的沟通与交流。在设计工程图时，图框的设计，如顾客有要求，要满足顾客要求；顾客无要求时，可组织自行设计。

顾客的设计不能排除组织对工程图样评审的责任，工程图样应有多功能小组进行评审。评审的内容一般包括：

① 对于顾客工程图，明确顾客工程图样中标识的特殊特性（包括政府法规和安全性）。组织设计工程图，评审以决定哪些特性影响配合、功能、耐久性、法规和安全的要求。

② 确定每个零件是否有足够的尺寸标注，以确定其大小和位置。

③ 确定是否清楚地标识控制或基准平面/定位面，以便能为现行的控制设计适宜的量具和设备。

④ 对标注的尺寸进行评价，以保证可行性、可制造性及与测量标准的一致性。

顾客的设计工程图样的评审可使用表 3 - 9 "外来文件评审记录"；组织的设计工程图样的评审可在工程图样的相关栏目签字，以保持已评审的记录；也可使用表 4 - 12 "设计评审记录"的文件样式。

4.1.7　工程规范

APQP 工程规范是产品的功能、性能、耐久性和外观的可接受准则。这些接受准则和样本的容量、频率一般在工程规范中确定，也可以在控制计划中明确。工程规范由设计部门负责输出。多功能小组对工程规范进行评审，有助于其对产品功能、性能、耐久性和外观要求的识别，确定哪些特性会影响或决定满足产品功能、性能、耐久性和外观。

表 4 - 19 所示为工程规范示例。

表 4 – 19　工程规范示例

文件编号：QT×××××-×××

产品名称		绝缘法兰盘				产品图号	12345 – 67890	
项目/车型		××车型				顾客名称	×××汽车有限公司	
序号	项目	技术要求	测量设备	检验方法	容量	频率	特殊特性	备注
1	外观	表面光滑，无裂痕、缺损	目测	目测	100%	连续		
2	尺寸	(40 ± 0.5) mm	卡尺：0 ~ 300mm/0.02mm	检验员测量	3 件	首/中/终	●	
3	尺寸	(275 ± 1.6) mm	卡尺：0 ~ 300mm/0.02mm	检验员测量	3 件	首/中/终		
4	尺寸	$8 \times (\phi\ 20.5 \pm 0.3)$ mm	卡尺：0 ~ 300mm/0.02mm	检验员测量	3 件	首/中/终		
5	电阻	≥20MΩ	电阻仪	试验员试验	3 件	1 次/批	●	
6	阻燃性	60s 内自熄	燃烧测定仪	试验员试验 GB 8410	3 件	1 次/批	●	
编制/日期			审核/日期			批准/日期		
评审栏								

注：●为特殊特性标志。

4.1.8　材料规范

材料规范用于确定原材料的特性、性能及对环境、搬运和储存的要求。材料规范应明确材料的特殊特性；材料的供方应为合格供应商；当顾客有要求时，满足顾客要求。多功能小组对材料规范进行评审，材料的特性要求要传递给材料供应商，并包含在控制计划中。

在制定材料规范之前，先确定企业所制造产品的构成和所有要使用的物料，制定材料清单（Bill of Material，BOM）。根据 BOM 所列材料，制定每种材料的材料规范。BOM 可参考表 3 – 13所示的初始材料清单示例，表 4 – 20 所示为材料规范示例。

表 4 – 20　材料规范示例

文件编号：QT×××××-×××

产品名称		装饰板			产品图号		12345 – 67890	
项目/车型		×××车型			顾客名称		×××汽车有限公司	
材料名称		改性聚丙烯	材料牌号	PP××××	材料供方		×××石油化工有限公司	
序号	项目	技术要求	检测设备	检测方法	容量	频率	特殊特性	备注
1	密度/ (g/cm³)	1.03 ± 0.03	分析天平	GB/T 1033	3 件	1 次/批		

（续）

序号	项目	技术要求	检测设备	检测方法	容量	频率	特殊特性	备注
2	熔体流动速率/（g/10min）	≥5	熔体流速测定仪	GB/T 3682	3 件	1 次/批		
3	拉伸强度/MPa	≥22	电子拉力试验机	GB/T 1040	3 件	1 次/批	●	
4	断裂伸长率（%）	≥30	电子拉力试验机	GB/T 1040	3 件	1 次/批		
5	缺口冲击韧度/（kJ/m²）	≥10	悬臂梁试验机	GB/T 1843	3 件	1 次/批	●	
6	热变形温度/℃	≥73	热变形维卡温度测定仪	GB/T 1634	3 件	1 次/批		
7	外观	深灰色粒状固体		目测	3 件	1 次/批		
8	保存期	12 个月		目测/账卡	100%	1 次/月		
9	仓储温度/℃	≤23	温湿度表	点检记录		1 次/日		
10	仓储湿度（%）	≤70	温湿度表	点检记录		1 次/日		
11	搬运	避光/避雨			100%	连续		

编制/日期			审核/日期			批准/日期	
评审栏							

注：●为特殊特性标志。

工程规范、材料规范可使用试验大纲的方式确认和评审。表 4-21 所示为试验大纲示例。

表 4-21　试验大纲示例

零件号：12345-67890

零件名称：门洞密封条　　　　　　　　　　　　　　　　　文件编号：QT×××××-×××

序号	试验项目	技术要求	相关标准	试验设备	样本容量	试验频次	特殊特性	试验场所
1	外观	按图样要求			100%	连续		车间
2	尺寸	按图样要求			3 件	1 次/2h		车间
3.1	材料（EPDM密实橡胶）							
3.1	硬度	(70±5) HA	QC/T 639	邵氏硬度计 LX-A	3 件	1 次/批		公司实验室
3.2	拉伸强度	≥7MPa	QC/T 639	电子拉力试验机 PDL-5000N	3 件	1 次/批	●	公司实验室
3.3	断裂延伸率	250%~550%	QC/T 639	电子拉力试验机 PDL-5000N	3 件	1 次/批	●	公司实验室
4	性能							

（续）

序号	试验项目	技术要求	相关标准	试验设备	样本容量	试验频次	特殊特性	试验场所
4.1	插入力	$t=4.5$mm, ≤115N/100mm		电子拉力试验机 PDL-5000N	3件	1次/批	●	公司实验室
4.2	拔出力	$t=1.4$mm, ≥45N/100mm		电子拉力试验机 PDL-5000N	3件	1次/批	●	公司实验室

编制/日期：　　　　　　　　　审核/日期：　　　　　　　　批准/日期：

注：●为特殊特性标志。

4.1.9　图样和规范的更改

　　当发生设计变更对图样和规范进行更改时，小组必须保证立即将这些变更通知到所有受影响的部门，包装顾客和供应商，并及时发送变更文件，以确保各相关部门能及时获得有效的变更信息，使变更得到控制及有效管理。设计变更要考虑顾客处新状态切入点前的备货，在库、在途产品和处理，以及相关文件的更改。图样和规范的更改可使用表4-22所示的工程更改单样式。

表 4-22　工程更改单样式

更改单编号：　0123456　　　　　　　　　　　　　　　　文件编号：QT××××-×××

零件名称		箍带		零件号		12345-67890	
更改描述		■产品更改　□过程更改					
更改原因		□顾客工程更改 □内部改进 ■其他		更改原因 具体说明 （必要时）		装车反馈卡接不良	

更改内容

取消	采用
原箍带设计，详见图样，编号××××，图样日期 20××年××月××日	现箍带设计，详见图样，编号××××，图样日期 20××年××月××日

更改涉及的零件/材料

零件/材料名称	零件号/材料牌号	来源		更改前状态的保有数量							已制品处理
		自制	采购	供应商	材料库	生产线	成品库	顾客	在途	总数	报废
			√		300						

更改涉及的文件	文件名称 零件名称	图样	产品标准	材料清单	流程图	FMEA	控制计划	操作指导书	检验指导书	其他
	箍带	√				√	√	√	√	
注：以上空格内可进行标记或填写具体的工序号或工序名称										

（续）

更改涉及的部门/车间：质量部、市场部、技术中心、采购部、注塑车间		
更改实施日期：以上更改计划于 20××年××月××日起开始实施		
是否需通知顾客：■是　□否　因为：有质量反馈，需顾客验证批准		
编制/日期：　　陈××　　20××年××月××日	审核/日期：	
批准/日期：		

4.2　APQP 输出

这一阶段，不管供应商有无产品设计责任，都需要完成新产品所必需的新设备、工装、设施和量检具、试验设备的规划，制定特殊特性清单，多功能小组完成可行性的评审与承诺。

4.2.1　新设备、工装和设施的要求

DFMEA、产品保证计划、设计评审可能会提出增添新设备、工装和设施的要求，包括符合能力的要求。多功能小组应分析新项目需要增添的新设备、工装和设施，制定进度计划，并监控实施状况，确保在试生产计划前完成。多功能小组应将设备、工装和设施的开发计划列入项目主计划，根据复杂情况可单独制定开发计划。

表 4-23 所示为设备清单示例，表 4-24 所示为工装模具清单示例，表 4-25 所示为工装模具开发计划示例。

表 4-23　设备清单示例

产品图号：12345-67890　　　　产品名称：×××密封条　　　　主机厂：××汽车股份有限公司

文件编号：QT×××××-×××

序号	设备名称	制造厂	规格型号	设备编号	是否新增	备注
1	密炼机	××橡塑机械有限公司	XN-75	J-02	否	
2	开炼机	××橡塑机械有限公司	SK-450	J-03	否	
3	下片机	江苏无锡××公司		J-04	否	
4	硫化挤出生产线	Berstorff	BF-208	J-12	否	
5	颚式注胶机	宁波××公司	ES350	J-14/15	否	
6	包装机	××机械厂	NKJ-TA	J-50	否	
设备精度是否满足要求 ■是　□否		编制/日期	会签		批准/日期	
数量是否满足生产需求 ■是　□否						

表 4-24　工装模具清单示例

产品图号：12345-67890　　产品名称：×××密封条　　主机厂：××汽车股份有限公司　　文件编号：QT×××××-×××

序号	工装模具编号	工装模具名称	是否新增	自制/外制	完成日期		价值/万元	折旧	使用单位	备注
					计划	实际				
1	XJ-A07	挤出模具	√	××模具厂	2016年10月6日	2016年10月5日	0.8	20万件	一车间	
2	XJ-B10	接角模具	√	××模具厂	2016年11月5日	2016年10月25日	1.2	20万件	二车间	
3	XJ-C09	冲模	√	××模具厂	2016年10月12日	2016年10月6日	1.5	20万件	三车间	

编制/日期　　　　　会签　　　　　批准/日期

表 4 – 25　工装模具开发计划示例

零件号：12345-67890　　　　　　　　　　零件名：装饰板　　　　　　　　工序：注塑

供应商名：×××汽车配件有限公司　　　　供应商代码：54321　　　　　　编制日期：20××年2月5日

模具/工装：注塑模具　　　　　　　　　　模具厂家：×××模具公司　　　　要求完成日期：20××年12月5日　文件编号：QT××××-×××

日期（月/周） 项目	2			3				4				5				6				7				8				9				10				11			12			
	4	11	18	25	4	11	18	25	7	14	21	28	5	12	19	26	2	9	16	23	30	7	14	21	28	4	11	18	25	1	8	15	22	29	6	13	20	27	3	10	17	24	1	8	15	22	29
签订协议	▲																																														
模具设计																																															
NC数据加工									提前完成																																						
精加工																																															
组装																	提前完成																														
研配																																															
调试																																															
测量																																															
皮纹																																	▲														
入库																																															
安装																																															

注：1. 计划 □　实际 ■

　　2. 如延期必须注明对策。

编制：　　　　　　审核：　　　　　　批准：

4.2.2　产品和过程的特殊特性

组织的多功能小组应对产品和过程的特殊特性进行细化的分析，并作为今后转为控制计划中的控制项目，以此来确保满足顾客特殊要求的目的。多功能小组在产品/过程特殊特性初始清单的基础上，进一步完善做成产品/过程特殊特性清单。特殊特性清单文件化的形式可参考产品和过程特殊特性初始清单的样式。

控制计划特殊特性和数据点坐标法（选用）作为控制计划的附件，是一种文件化与更新特殊特性的方法。组织也可以以其他文件或表格的形式，保证控制计划与特殊特性更新的一致性。

4.2.3　量具/试验设备要求

多功能小组应对项目所需的量检具、试验设备进行策划，将开发计划列入项目开发主计划；并监控量检具/试验设备开发的实施状况，确保满足进度的要求。根据项目复杂情况，是否开发专用的量检具或试验夹具，可单独制订开发计划。

表 4 - 26 所示为量检具/试验设备清单示例。

表 4 - 26　量检具/试验设备清单示例

文件编号：QT×××××-×××

项目/车型：×××车型　产品图号：12345 - 67890　产品名称：×××制动器总成　主机厂：××汽车股份有限公司

序号	名称	型号	分度值	测量范围	数量	是否满足	备注
1	游标卡尺	0～150mm	0.02mm	0～150mm	2	是	
2	百分表	0～50mm	0.01mm	0～50mm	2	是	
3	电子称	KD - 400	1g	0～3kg	3	是	
4	洛氏硬度计	HR - 150A	0.5HRC	0～20HRC	1	是	
5	扭力扳手	NBU125	1N·m	25～125N·m	1	是	
6	摩擦性能试验机	MM1000			1	是	
7	制动片剪切试验机	100kN		2%～100%	1	是	

编制：　　　　　　　　　审核：　　　　　　　　　批准：

对新设备、工装和试验设备的策划可使用 APQP 手册提供的"新设备、工装和试验设备检查表"进行检查，见表 4 - 27。

表 4 - 27 新设备、工装和试验设备检查表

顾客或厂内零件号：_____ 修订水平：_____

问题	是	否	不适用	所要求的意见/措施	负责人	完成日期
1. 设计是否要求：						
a 　　新材料？						
b 　　快速更换工装？						
c 　　产量波动？						
d 　　防错？						
2. 是否已制定识别以下内容的清单（包括所有供方）：						
a 　　新设备？						
b 　　新工装？						
c 　　新试验设备（包括检查辅具）？						
3. 对以下内容的接受标准是否已达成一致意见：						
a 　　新设备？						
b 　　新工装？						
c 　　新试验设备（包括检查辅具）？						
4. 是否将在工装和/或设备制造厂进行初始能力研究？						
5. 是否已确定试验的可行性和准确度？						
6. 对于设备和工装是否已完成预防性维护计划？						
7. 新设备和工装的作业指导书是否完整并且清晰易懂？						
8. 是否具备能在设备供方的设备上进行初始过程能力研究的量具？						
9. 是否将在生产工厂进行初始过程能力研究？						
10. 是否已确认了影响产品特殊特性的过程特性？						
11. 在确定验收标准时是否使用了产品特殊特性？						
12. 制造设备能否满足预测的生产量与服务量要求？						
13. 是否有足够的试验能力？						
14. 测量设备是否被验证和文件化，以显示测量和试验的范围和资格？						

制定人：_____ 　　　　修订日期：_____

4.2.4　小组可行性承诺和管理者的支持

当产品设计结束时，组织的多功能小组必须对设计的可行性进行评定。在计划的时间和成本范围内，设计必须满足制造、装配、试验、包装和交付的要求。顾客的设计责任，组织也必须对设计的可行性进行评定。

多功能小组评定设计的可行和有效，可使用设计信息检查表。小组可行性承诺是由多功能小组对设计能以可接受的成本，按时并以足够的数量被制造、装配、试验、包装和运输的承诺。小组可行性承诺也是对设计评审的结果做出总结的文件化表示，可使用小组可行性承诺表确认设计的可行性和未决事项，提交给管理者，以获得对设计的批准和支持。

表 4-28 所示为设计信息检查表，表 4-29 所示为小组可行性承诺表示例。

项目阶段结束时可以邀请管理者参与产品质量策划会议，将项目进展情况报告给管理者，对于项目进展过程中发生的问题更易取得管理者的支持，以使项目顺利实施。会议记录和项目阶段性总结参考表 3-18 和表 3-19 的示例，里程碑检查可参考表 4-30 的示例。

表 4-28　设计信息检查表

顾客或厂内零件号：_____　修订水平：_____

问题	是	否	不适用	所要求的意见/措施	负责人	完成日期
A. 一般情况						
1. 设计是否需要						
a　　新材料？						
b　　特殊工装？						
c　　新技术或新过程？						
2. 是否已经考虑了装配变差的分析？						
3. 是否已考虑试验设计？						
4. 是否有样件制造计划？						
5. 是否已完成 DFMEA？						
6. 是否已完成 DFMA（可制造性和装配设计）？						
7. 是否已考虑了服务和维修问题？						
8. 是否已完成设计验证计划？						
9. 如果是，是由跨部门小组完成的吗？						
10. 是否对所有规定的试验、方法、设备和接受标准有一个清楚的定义和了解？						
11. 是否已选择特殊特性？						
12. 是否完成了材料清单？						
13. 特殊特性是否已正确文件化？						

（续）

问题	是	否	不适用	所要求的意见/措施	负责人	完成日期
B. 工程图样						
14. 为减少全尺寸检验时间，是否确定了参考尺寸？						
15. 为设计功能性量具，是否已确定了足够的控制点和基准平面？						
16. 公差是否和被接受的制造标准相一致？						
17. 存在的和可用的检测技术是否能够测量所有的技术要求？						
18. 顾客指定的工程更改管理过程是否被用于管理工程更改？						
C. 工程性能规范						
19. 是否已确认所有的特殊特性？						
20. 测试参数是否足够阐明要求的使用条件，如生产确认和最终使用？						
21. 是否已按要求对在最小和最大规范下生产的零件进行试验？						
22. 所有的产品试验是否都将在厂内进行？						
23. 如不是，是否由批准的分包方进行？						
24. 规定的试验抽样容量和/或抽样频率是否可行？						
25. 如要求，对试验设备是否已获得顾客批准，如测试和文件？						
D. 材料规范						
26. 是否已确认了材料的特殊特性？						
27. 在已被确认的环境中，组织规定的材料、热处理和表面处理是否和耐久性要求相一致？						
28. 如要求，材料供方是否在顾客批准的清单中？						
29. 组织是否已制定和实施一个过程来控制进料质量？						
30. 是否已明确材料特性所要求的检验？如果是，则：						
a 特性将在厂内进行检验吗？						
b 如果在公司内部检验，具备试验设备吗？						
c 如果在公司内部检验，是否具备有能力的人员以保证测试？						
31. 将使用外部实验室吗？						
组织是否有一个过程，以保证外部实验室的能力？如实验室认可 注：无论组织与外部实验室的关系如何，外部实验室的能力需要得到保证						
32. 是否已考虑以下材料要求：						
a 搬运，包括环境方面？						

（续）

	问题	是	否	不适用	所要求的意见/措施	负责人	完成日期
b	储存，包括环境方面？						
c	有材料/物质的成分是否按照客户要求报告，如国际材料数据库系统（IMDS）？						
d	是否针对客户要求对聚合物进行识别/标识？						

制定人：_____　修订日期：_____

表4-29　小组可行性承诺表示例

顾客：_____　　　　　日期：_____

零件编号：_____　　　　　零件名称：_____

修订水平：_____

对可行性的考虑：

　　多功能小组已考虑了以下问题。所提供的图样和/或规范已被用来作为分析满足所有规定要求能力的基础。对于所有否定答案都要有识别所关注事项和/或所提出更改，以满足特定要求的附加规定。

是	否	问题
		产品是否被完全定义（使用要求等），以便能进行可行性分析？
		工程性能规范是否符合书面要求？
		产品能按图样规定的公差生产吗？
		产品能用符合要求的 C_{pk} 值生产吗？
		有足够的生产能力生产产品吗？
		设计上允许使用高效的材料搬运技术吗？
		在正常成本参数内，产品是否能正常生产？异常成本考虑应该包括：
		●主要设备成本？
		●工装成本？
		●替代的制造方法？
		是否对产品要求统计过程控制？
		统计过程控制当前是否用在类似的产品上？
		如果统计过程控制在类似的产品上：
		●过程是否处于受控和稳定状态中？
		●过程能力是否满足顾客要求？

结论：

☐ 可行　　　产品可按规定不做修改而生产

☐ 可行　　　建议做出更改（见附件）

☐ 不可行　　需要更改设计，以生产符合规定要求的产品

批准：

_____　　　　_____
　小组成员/职务/日期　　　　　　　　小组成员/职务/日期

_____　　　　_____
　小组成员/职务/日期　　　　　　　　小组成员/职务/日期

_____　　　　_____
　小组成员/职务/日期　　　　　　　　小组成员/职务/日期

表 4 - 30　项目里程碑检查表

文件编号：QT××××x-××x

项目/车型：×××车型		项目编号：××××		检查日期：×年×月×日
项目经理：李××	检查人员：			
里程碑：产品设计和开发				

序号	检查点	是	否	完成程度/说明
1	DFMEA 是否完成？			
2	是否已和顾客确认了产品设计和规范？			
3	是否明确了特殊特性？			
4	是否发布工程图样？			
5	是否对产品试验进行了策划？			
6	是否确定了材料来源和规范？			
7	是否完成新设备、工装和试验设备的策划？			
8	产品设计是否进行了评定，并可行？			
9	小组是否对设计可行性做出承诺？			

备注：

结果：　　　　　　　　　是　　否	说明（当结果为有条件认可或不予认可时需填写）：
给予认可　　　　■　　□	
有条件认可　　　□　　□	
不予认可　　　　□　　□	
项目组成员签字：	高层管理者意见：

第 5 章
过程设计和开发

　　过程设计与开发是为保证开发一个有效的制造系统，建立与其有关的控制计划，从而持续稳定地制造出优质产品。这个制造系统必须保证满足顾客的要求、需要和期望。

　　过程设计与开发对产品实现过程进行规划与设计，包括 4M1E（人、机、料、法、环）的规划、过程风险的分析和应对、测量系统和过程能力分析计划等。

　　过程设计与开发可以最早在确立项目后与产品设计和开发同步进行，但必须在产品设计和开发完成后结束。这一阶段的任务完成依赖于成功地完成了前两个阶段。

　　APQP 过程设计和开发的阶段示意图如图 5-1 所示。

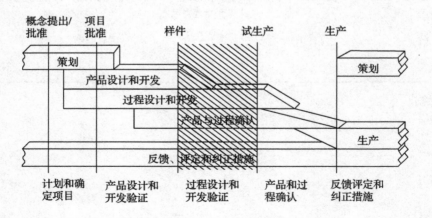

图 5-1　APQP 过程设计和开发阶段示意图

5.1　包装标准

　　顾客通常会有包装标准，以保证顾客接受零件的包装统一、接口一致，便于存放与搬运。多功能小组应对每个产品进行包装设计和开发，包装设计应满足顾客的包装标准；顾客没要求时，应遵循通用包装要求。产品包装必须保证在包装、运输和打包时，不会影响产品的性能和特性，保持产品的完整性。

　　包装设计需符合人机工程要求，方便取放产品。包装应适应各种设备的搬运，包括机器人的要求。包括设计应考虑包装的尺寸、容纳数量、重量、搬运、储存条件、标签和器具接口等因素。

　　包装标准的要求可体现到包装规范中，表 5 - 1 所示为包装规范表示例。

表 5 - 1　包装规范表示例

文件编号：QT×××× - ×××

项目/车型	×××车型	零件号	12345 - 67890	零件名称	×××空调通风管
顾客名称	×××汽车有限公司			供应商名称	×××汽车配件公司
包装类型	□纸箱　　□塑料箱　　□中空板箱　　□木箱　　□铁筐　　■料架　　□其他				
尺寸	1400mm×1000mm×1100mm	内部分割		其他事项	
适装数量	30	横向	10		
产品质量	500g	竖向	1		
包装质量	100kg	层数	3		
总质量	115kg				
更改栏					
1. 变更事由：					
2. 变更内容：					
3. 适用时间：					
照片/图示					

备注					
批准		审核		制表	

5.2　产品/过程质量体系评审

多功能小组应对产品生产工厂的质量体系手册进行评审，保证项目产品生产所需的控制、程序的完整性。项目产品生产所需的控制、程序的更改都应更新质量体系手册，并体现在控制计划中。多功能小组基于顾客输入、小组经验和以往经验对质量体系进行评审，是对现有质量体系改进的机会。产品/过程质量检查表可用于质量体系评审，以验证其完整性，见表5-2。

表5-2　产品/过程质量体系检查表

顾客或厂内零件号：_____　修订水平：_____

	问题	是	否	不适用	所要求的意见/措施	负责人	完成日期
1	在制订或协调控制计划时是否需要顾客的帮助或批准？						
2	组织是否已确定谁将作为与顾客的质量联络人？						
3	组织是否已确定谁将作为与自己供方的质量联络人？						
4	是否按照顾客的特殊要求对质量管理体系进行了评审和批准？						
5	如下方面是否已明确有足够的人员：						
a	控制计划要求？						
b	全尺寸检验？						
c	工程性能试验？						
d	问题反应和解决分析？						
6	是否含有如下内容的文件化培训计划：						
a	包括所有的雇员？						
b	列出被培训人员名单？						
c	提出培训时间进度？						
7	对以下方面是否已完成培训：						
a	统计过程控制？						
b	能力研究？						
c	问题的解决？						
d	防错？						
e	反应计划？						
f	被确认的其他项目？						
8	对每个控制计划非常关键的操作是否都提供过程指导书？						

（续）

	问题	是	否	不适用	所要求的意见/措施	负责人	完成日期
9	每一个操作上是否都具备标准的操作人员指导？						
10	操作指导书是否包括图和表？						
11	操作人员/小组领导人员是否参与了标准的操作人员指导书的制订工作？						
12	检验指导书是否包括以下内容：						
a	容易理解的工程性能规范？						
b	试验频率？						
c	样本容量？						
d	反应计划？						
e	文件化要求？						
13	目测辅具						
a	是否适合，容易理解，清晰？						
b	是否适用？						
c	可操作性？						
d	是否被批准？						
e	是否注明日期，是否在有效期内？						
14	对例如基于统计控制的失控问题，是否有实施、保持并制订反应计划的程序？						
15	是否识别了包括根本原因分析在内的问题解决过程？						
16	最新图样和规范是否能被操作人员得到，尤其在检查点上？						
17	记录检验结果的合适人员是否具有现行版本的表格/记录本？						
18	以下是否可用并放置在适当的操作点？						
a	监视和测量装置？						
b	计量指导书？						
c	参考样件？						
d	检验记录？						
19	是否规定了在适当频次下检定和校准量具和试验设备的要求？						
20	所要求的测量系统能力研究是否已：						
a	完成？						
b	可接受？						
21	初始过程能力研究是否按顾客要求得到执行？						

（续）

	问题	是	否	不适用	所要求的意见/措施	负责人	完成日期
22	全尺寸检验的设备和设施对提供满足顾客要求的、包括所有详细信息和零部件在内的、初始的和进行中的全尺寸报告是否充分？						
23	是否有文件化的进货产品控制程序，可能包括：						
a	被检验的特性？						
b	检验频率？						
c	样本容量？						
d	批准产品的指定位置？						
e	对不合格产品的处理？						
24	样品生产零件是否按顾客要求提供？						
25	是否有识别、隔离和控制不合格产品，以防止装运出厂的程序？						
26	是否具有返工/返修程序？						
27	是否具有对返修/返工材料再验证的程序？						
28	是否有一个标准样件，如要求，被保留下来作为审批程序的一部分？						
29	是否具有一个适当的批准跟踪过程？						
30	是否计划并实施了对质量系统的定期评审？						
31	是否计划和实施了对质量体系的定期评价？						
32	顾客是否已批准了包装规范？						

制定人：_____　修订日期：_____

5.3　过程流程图

过程流程图系统地表现了从原材料入库到成品出库整个过程。过程流程图有助于分析整个过程而不是过程中的某一单一步骤。它可用来分析从开始到结束的整个制造、装配过程中的机器、材料、方法和人员的变差源，用来强调过程变化的原因对产品的影响。

过程流程图为后序进行 PFMEA 和控制计划时，提供过程的输入依据，使多功能小组将注意力集中到过程上。

过程流程图的编制，在第一阶段初始过程流程图的基础上，进一步分析确定整个制造过程，做成正式的过程流程图。过程流程图的样式可参考表 3-14 初始过程流程图的示例样式。

过程流程图可使用表 5-3 所示的过程流程图检查表进行检查，以确认过程流程图的有效与适用。

表 5 - 3　过程流程图检查表

顾客或厂内零件号：＿＿＿＿＿　　　　　修订水平：＿＿＿＿＿

	问题	是	否	不适用	所要求的意见/措施	负责人	完成日期
1	流程图是否图示了整个过程，从接收到发货，包括外部过程和服务？						
2	在过程流程图的开发过程中如果有 DFMEA，是否使用 DFMEA 识别可能特别重要的特殊特性？						
3	流程图是否与控制计划和 PFMEA 中的产品和过程检查相一致？						
4	流程图是否描述了怎样移动产品，如轮式输送机、滑动容器等？						
5	该过程是否已考虑了拉动生产系统/最优化？						
6	是否规定在使用前要识别和检验返工产品？						
7	物料移动和不同状态产品的运输是否被正确定义和实施？应阐明供方零件进料和分包过程						

制定人：＿＿＿＿＿　修订日期：＿＿＿＿＿

5.4　工厂平面布置图

为确定重要的控制项目，如检测点的可接受性、控制图的位置、目视辅具的可用性、中间维修站、非一致性的材料储存区域等，应该制订工厂平面布置图。平面布置图中所有的物流路线都要与过程流程图和控制计划相对应。

工厂的平面布局应考虑精益生产与空间的增值利用。尽量使用"一个流"的设计，减少无价值的走动，减少材料的搬运次数和距离，避免不必要的停滞，提高资源的利用率。

工厂平面布置图可用 AutoCAD 软件等进行绘制，图上标明物流路线，对建设标注过程进行编号，以对应过程流程图和控制计划。图 5 - 2 所示为工厂平面布置与物流路线图的示例。

可使用表 5 - 4 所示的工厂平面布置图检查表对工厂平面布置图进行检查。

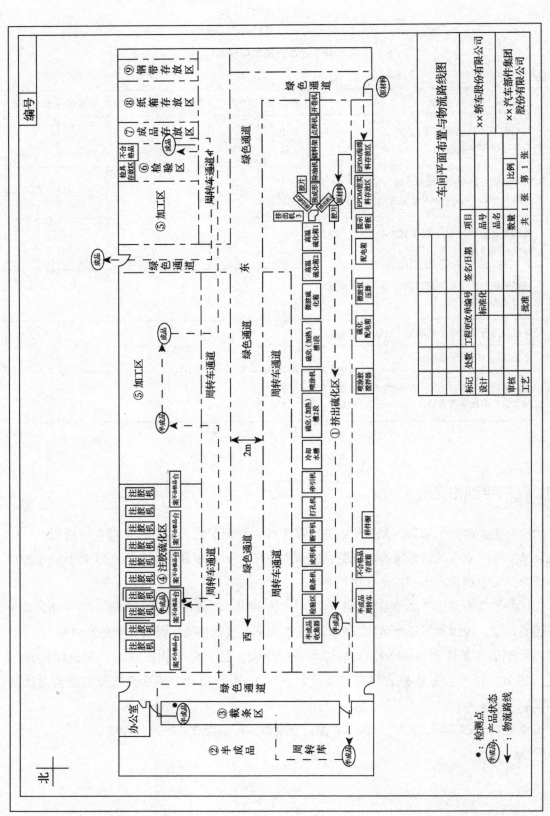

图5-2　工厂平面布置与物流路线图

表 5-4 工厂平面布置图检查表

顾客或厂内零件号：＿＿＿＿＿ 修订水平：＿＿＿＿

	问题	是	否	不适用	所要求的意见/措施	负责人	完成日期
1	精益理念是否被用于物料流动的考虑？						
2	平面布置图是否明确了所有要求的过程和检测点？						
3	是否已考虑对每一操作中所有材料、工装和设备清晰地标识？						
4	对所有设备是否已分配足够的空间？						
5	过程和检验区域是否具有：						
a	足够的空间？						
b	足够的照明？						
6	检验区域是否包含所需的设备和文件？						
7	是否具有足够的：						
a	中间准备区域？						
b	储备区域？						
8	为防止误装不合格产品，是否合理布置检测点？						
9	每一个进程控制是否已制订了控制措施，以消除污染或不恰当的产品混淆？						
10	是否保护材料，使其免受上层空间或气压搬运系统的污染？						
11	是否已为最终产品的审核提供了最终审核设施？						
12	是否有足够的设施控制，以防止不合格的进货材料进入储存？						

制订人：＿＿＿＿＿ 修订日期：＿＿＿＿＿

5.5 特性矩阵图

特性矩阵图是表示过程参数（产品特性）和制造工位之间关系的图表。方法是对零件图上标注的尺寸、特性进行编号，对每一制造工序进行编号（推荐用过程流程图的编号，以保持一致）；在特性矩阵图的顶部一栏列出制造工序或工位，左侧一栏列出零件特性。制造过程越多，特性控制越重要，不论矩阵图大小，都可以明确显示出特性的逆向关系。

一个产品特性可能需要几个工序来实现，而一个工序也可能影响到几个产品特性，使用特性矩阵图这种分析技术，可直观、明了地表示出产品特性与工序的关系。

表 5-5 所示为特性矩阵图的示例。

表5-5　特性矩阵图

文件编号：QT×××××-×××

项目/车型	×××车型		零件号	12345-67890		零件名			前门框密封条								
顾客名称	×××汽车公司					编制日期			20××年××月××日								
特性编号	特性名	规格/公差	工序编号														
			1	2	3	4	5	6	7	8	9	10	11	12	13	14	15	16	17
1	尺寸	(7±0.5)mm								A		A							
2	尺寸	(983±3)mm											A	B					
3	尺寸	(640±3)mm											A	B					
4	尺寸	(3465±5)mm											A	B					
5	密实橡胶硬度	(70±3)HA			A	A	A	C	B	B						B			
6	海绵橡胶密度	(0.65±0.15)g/cm³			A	A	A	C	B	B						B			
7	插入力	≤40N/100mm	C	C	A	A	A	C	B	B						B			
8	拔出力	≥60N/100mm	C	C	A	A	A	C	B	B						B			

注：A：决定产品特性的关键工序；B：对产品特性有重要影响的工序；C：对产品特性有一般影响的工序。

编制：　　　　　　　　审核：　　　　　　　　批准：

5.6　过程失效模式及后果分析（PFMEA）

1. PFMEA简介

PFMEA也称为过程FMEA，是以过程为导向的潜在失效的分析技术，用以对新的或更改过程的一种规范化的评审和分析，从而预防、解决或监控新的或更改过的产品项目的潜在过程问题。

PFMEA是一种动态文件，应当在开始生产之前、产品质量策划过程中进行。PFMEA以过程为导向，分析从原材料入库到成品出库的整个过程，包括材料搬运、接收、运输、储存和标识等所有可能影响制造和装配作业的过程。

PFMEA通过以下方式降低或减少风险，支持制造过程的开发：

① 识别和评价过程功能和要求。

② 识别和评价潜在的产品和过程失效模式及失效对过程和顾客造成的后果。

③ 分析潜在失效在制造或装配过程的要因。

④ 识别聚焦于降低发生率或提高探测失效情况的过程控制的过程变量。

⑤ 确保纠正/预防措施和控制的优先顺序系统的建立。

2. PFMEA 中顾客的定义

PFMEA 工作过程中，顾客一般考虑为终端顾客和后续或下游的制造或装配操作、服务操作或法规。识别与确认顾客及顾客的要求，能帮助更充分地确定功能、要求和规范。

3. PFMEA 小组

PFMEA 一般由负责过程的工程师领导，由多学科专家和相关部门人员组成多学科（或多功能）小组进行开发和维护。小组成员应具备必要的专业知识，小组成员应包括但不限于装配、制造、设计、分析、试验、可靠性、材料、质量、服务和供方，以及下级制造或装配部门。PFMEA 是一种不同部门交换意见的催化剂，通过 PFMEA 工作，可以提高整个小组的工作水平。

为确保过程开发的一致性，强烈建议过程流程图、PFMEA 和控制计划由同一多功能小组进行开发。

4. PFMEA 的开发

PFMEA 由负责过程的工程师或小组领导组织小组成员进行。PFMEA 以过程流程图所分析的过程为基础和导向，确定范围，以 DFMEA 分析的产品后果识别、特殊特性清单、过往历史信息等为输入，编制 PFMEA 表格。

PFMEA 输入信息的主要来源包括：

① 过程流程图。

② DFMEA。

③ 图样和设计记录。

④ 特殊特性清单。

⑤ 过程清单。

⑥ 特性矩阵图。

⑦ 内部和外部发生的不符合。

⑧ 质量和可靠性历史。

⑨ 以往类似过程的 PFMEA。

5. PFMEA 与过程流程图的关系

过程流程图是 PFMEA 最主要的输入，PFMEA 应该与过程流程图的信息一致，包括从各单独零部件到总成的材料装运、接收、运输、仓储、搬运和标识等所有的制造运作过程。使用过程流程图进行初步风险评估，以识别这些过程的操作或步骤对产品制造和装配的影响，并包含在 PFMEA 中。

PFMEA 是过程或功能的要求延伸。要求是指每个过程操作或步骤的输出和产品的相关要求，要求替代了每个操作或步骤应该达到的目的描述，要求给小组提供一个识别潜在失效模式的基础。

PFMEA 表格和过程流程图的关系如图 5－3 所示。

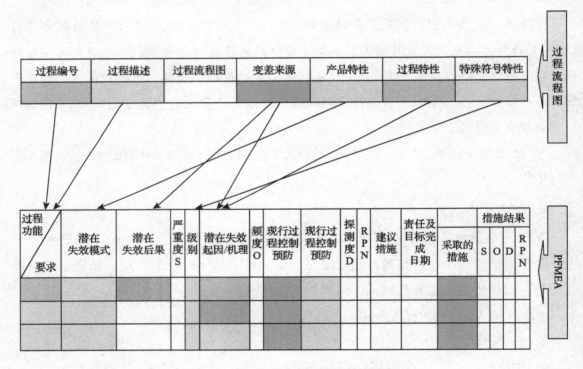

图 5－3　PFMEA 表格与过程流程图的关系

6. PFMEA 表格

表 5－6 所示为 FMEA 手册第 4 版建议的样式，包含了 OEM 通常所期望最基本的内容。PFMEA 表格栏目的修改或增加取决于组织和顾客的需要和期望，但提交的表格必须被顾客所接受。对于是否需要措施，不建议使用 RPN 极限法确定，但 RPN 值的使用依然作为惯例列入表格。PFMEA 示例见表 5－7。

表 5-6　PFMEA 示例一

项目名称：后窗玻璃密封条　12345-67890　过程责任：技术中心/质量部/×车间

车型年/项目：×××车型　关键日期：20××年3月10日

核心小组：陈××、张××、王××、孙××、赵××、刘××、李××

FMEA 编号：＿＿＿＿＿＿＿

页码：＿＿＿＿/＿＿＿

编制人：张××

FMEA 日期（编制）：20××年11月5日（修订）

过程编号	过程步骤功能	要求	潜在失效模式	潜在失效模式后果	严重性	分类	失效的潜在要因	现行过程 控制预防	频度	现行过程 控制探测	探测度	RPN	建议的措施	职责 & 目标完成日期	采取的措施和生效日期	措施结果 严重度	频度	探测度	RPN
3A	吹塑成型	形状尺寸符合设计要求	变形	产品无法安装报废	8		冷却时间短温度高保压压力低	工艺师按作业文件设定设备参数，并监控	4	首件、中件、末件全数目测	5	160	使用试验设计确定工艺参数	张×× 20××年2月20日	使用试验设计确定工艺参数的范围	8	1	5	40
3A	吹塑成型	形状尺寸符合设计要求	尺寸超差	难安装	7		料筒温度高吹气压力低充模保压时间短	工艺师按作业文件设定设备参数，并监控	5	首件、中件、末件检测	5	175	使用试验设计确定工艺参数	张×× 20××年2月21日	使用试验设计确定工艺参数的范围 $C_{PK}=1.56$	7	1	5	35
							模具磨损	按照模具预防维护保养程序对模具进行维护保养	3	首件、中件、末件检测	5	105	每5万模重新对模具进行研配与测量	模具工程师	每5万模重新对模具进行研配与测量	7	2	5	70
3A	吹塑成型	形状尺寸符合设计要求	壁厚不匀	壁薄处易变形壁厚处难安装	7		挤出料坯在产品特性位置拉伸	使用300点壁厚控制器	1	操作者全数检查	7	49	无						
3B	切口	无划伤/切口整齐/打孔准确	切口不整齐、打孔不规则	影响安装	7		刀具磨损	按照设备维护保养规程对切口机进行维护保养	5	首件、中件、末件检测	5	175	班前对切口机刀具进口行点检每10000次更换刀具	工艺师	班前对切口机刀具进行点检每10000次更换刀具	7	2	5	70

表5-7　PFMEA示例二

项目 ___B___　　主过程职责 ___C___　　FMEA编号 ___A___

型号年/项目 ___D___　　关键日期 ___E___　　页码 _____

核心小组 ___G___　　　　　　　　　　　　　编制者：___H___

　　　　　　　　　　　　　　　　　　　　　FMEA日期（原始）___F___

过程步骤/功能	要求	潜在失效模式	失效的潜在后果	严重性	分类	失效的潜在要因	控制预防	发生率	控制探测	探测率	RPN	建议措施	职责&目标完成日期	采取措施和生效日期	严重度	发生率	探测度	RPN
操作：70 车门	为覆盖车门内部，车门的表面		内门板未完整覆盖下层整体性被破坏车门腐蚀车门寿命缩短，导致：			人工插入喷头不够深入	无	8	蜡膜变异检查目测覆盖情况	5	280	给喷枪加装深度限位器	制造工程师 20××年10月15日	增加限位器在线上检查喷枪	7	2	5	70
						喷头堵塞①黏度太高②温度太低③压力太低	在开停机后和开始试验喷雾。按照预防维护预程序清洗喷头	5	蜡膜变异检查目测覆盖情况	5	175	使用喷蜡作业自动化	制造工程师 20××年12月15日	由于同一条线上门的复杂长度不同，因此拒绝该项				
												使用设计试验确定黏度、温度和压力	制造工程师 20××年10月1日	确定温度和压力限值，并安装控制器，控制图显示过程已受控。$C_{PK}=1.85$	7	1	5	35

a_1	a_2	b	c	d	e	f	h	g	h	i	j	k	l	m	n	n	n	n
内部人工涂蜡	门下层表面涂规定厚度的蜡	涂蜡不足	①使用一段时间后失效，使顾客对外观不满意 ②车门内附件功能损害	7		因撞击使喷头变形	依预防维护程序维护喷头	2	蜡膜变异检查目测覆盖情况	5	70	无		安装了自动喷蜡定时器，控制打开喷头，定时器控制关闭，控制图显示过程已受控 $C_{PK}=2.05$	7	1	7	49
		在指定的表面涂蜡过多				喷蜡时间不足	无	5	操作者指导对关键区域抽样检查（目测）喷蜡范围	7	245	安装喷蜡定位器	维修部门 20××年/××月/××日					7

7. PFMEA 表格填写指南

按表 5-7PFMEA 表格示例中每个栏目末尾的字母代号描述。PFMEA 表头部分的内容与表格内容一样重要，需认真清晰填写，表头部分填写指南见表 5-8。PFMEA 表格的正文部分，描述具体失效风险分析及所采取的改进措施，填写指南见表 5-9。

表 5-8　PFMEA 填写指南（表头部分）

代号	栏目	填写说明
A	FMEA 编号	填入用于识别 PFMEA 文件的编号，用于文件控制
B	项目	填入所分析过程的系统、子系统或零部件的名称、编号
C	过程责任	填入过程设计责任的 OEM、组织和部门或小组。必要时，也要填入供方的名称
D	型号年/项目	填入所使用或分析的过程将影响的型号年度和车型或项目名称（如果已知）
E	关键日期	填入 FMEA 初次预定完成的日期，该日期不应超过计划开始生产的日期，不能超过 PPAP 提交日期
F	FMEA 日期（原始）	填入编制 FMEA 原始稿的日期及最新修订的日期
G	核心小组	填入负责 PFMEA 开发的小组成员。联系信息（包括姓名、组织、电话和电子邮箱等）可使用补充文件作为 PFMEA 的附件
H	编制者	填入负责编制 PFMEA 的工程师或小组领导的姓名、电话及所在公司的名称

表 5-9　PFMEA 填写指南（表格部分）

代号	栏目	填写说明
a1	过程步骤	填入所分析过程的步骤或操作，如编号和名称。过程的编号和名称要与过程流程图一致
a1	过程功能	填入所分析过程操作的目的或意图。如果操作有多个过程功能，每一个都应列在表中，以帮助分析相关的失效模式
a2	要求	列出所分析的过程步骤/操作的每个过程功能要求。要求是过程要实现的设计意图或顾客要求。如果过程功能有多种要求，为了便于分析，与失效模式相关的要求都应列在表中
b	潜在失效模式	按照过程不能符合过程要求来定义，包含不符合设计意思
c	潜在失效后果	按顾客可以察觉失效模式的后果来定义
d	严重度	填入严重度级别（1~10），严重度为失效模式最严重后果相符的一个值。建议的严重度评价准则见表 5-10
e	分类	用于强调高优先的失效模式和它们相关的要因，可填入特殊特性符号
f	潜在失效要因	按照失效是怎样发生的来定义，按照可纠正或可控制的情形来描述。要因要尽可能简要和完整地描述，一个失效模式可能由一种或多种要因导致，每一要因都要进行分析

（续）

代号	栏目	填写说明
g	发生率（频度）	填入发生率等级值（1～10），发生率失效模式特定要因发生的可能性。建议的发生率评价准则见表5－11
h	现行过程控制	是在可能的范围内，预防要因发生或探测失效模式或要因的控制描述，包括控制预防和控制探测 预防控制：消除（预防）失效的要因或失效模式的发生，或降低发生率 探测控制：识别（探测）失效的要因发生或失效模式，以采取纠正措施或防范措施
i	探测度	填入探测度等级值（1～10），探测度是对在现有过程控制探测栏中列出的最佳的探测控制的对应等级。建议的探测度评价准则见表5－12
j	RPN	填入RPN值，RPN＝严重度（S）×发生率（O）×探测度（D）
k	建议措施	填写建议的措施，一般地，预防措施比探测措施更可取。如无建议措施，填写"无"。目的是改善过程，降低风险
l	责任及目标完成日期	填入负责完成建议措施的个人和组织名，包括目标完成日期
m	采取措施和完成日期	在建议的措施执行后，填入措施的简要描述和实际完成日期
n	S、O、D、RPN	在建议的措施执行后，填入重新评价的严重度、发生率和探测度以及重新计算的RPN值

8. PFMEA 手册建议的评价准则

PFMEA 对于严重度（S）、发生率（O）和探测度（D）的评估，给出了建议的评估准则，分别见表5－10、表5－11和表5－12。

表 5－10　建议的严重度（S）评价准则

后果	评价准则 对产品的后果严重度	级别	后果	评价准则 对过程的严重度 （制造/装配后果）
不符合安全和/或法规要求	在没有预警的情况下，潜在失效模式影响车辆安全操作，和/或设计不符合政府法规	10	不符合安全和/或法规要求	可能在没有预警的情况下危害操作者（机械或装配）
	在有预警的情况下，潜在失效模式影响车辆安全操作，和/或设计不符合政府法规	9		可能在有预警的情况下危害操作者（机械或装配）
基本功能丧失或降级	基本功能损失（车辆不能操作，但不影响车辆安全）	8	大规模中断	100%的产品是废品。流水线停止或停止出货
	基本功能降级（车辆可以运行，但功能等级降低）	7	显著中断	生产运转一定会产生部分废品。偏离基本过程，包括生产线速度减慢或增加资源

（续）

后果	评价准则 对产品的后果严重度	级别	后果	评价准则 对过程的严重度 （制造/装配后果）
舒适功能的损失或降级	舒适功能损失（车辆可操作，但舒适/便利功能损失）	6	一般中断	100%的产品必须离线返工，返工后可被接受
	舒适功能降级（车辆可操作，但舒适/便利功能降低）	5		部分产品必须离线返工，返工后可被接受
令人不舒服的项目	车辆可操作，但有外观、噪声等项目不符合，并且被大多数（＞75%）顾客察觉到	4	一般中断	在加工前100%需在位置上返工
	车辆可操作，但有外观、噪声等项目不符合，并且被很多（50%）顾客察觉到	3		在加工前部分需在位置上返工
	车辆可操作，但有外观、噪声等项目不合格，但只被少数（＜25%）识别能力敏锐的顾客察觉到	2	微小中断	过程，对操作或操作者造成轻微的不便利
没有影响	没有可识别的后果	1	没有后果	没有可识别的后果

表 5-11　建议的发生率（O）评价准则

失效的可能性	评价准则 PFMEA 要因的发生频率 （事件，每项目/辆车）	等级
非常高	≥100 次，每1000 个；≥1 次，每10 辆中	10
高	50 次/1000 个，1 次每20 辆中	9
	20 次/1000 个，1 次每50 辆中	8
	10 次/1000 个，1 次每100 辆中	7
一般	2 次/1000 个，1 次每500 辆中	6
	0.5 次/1000 个，1 次每2000 辆中	5
	0.1 次/1000 个，1 次每10000 辆中	4
低	0.01 次/1000 个，1 次每100000 辆中	3
	≤0.001 次/1000 个，1 次每1000000 辆中	2
非常低	失效通过预防控制消除了	1

表 5-12　建议的探测度（D）评价准则

探测机会	评价准则：过程控制探测的可能性	级别	探测可能性
没有探测机会	没有现有控制，不能探测或不能分析	10	几乎不可能
在任何阶段不太可能探测	失效模式和/或错误（原因）不容易探测（如随机检查）	9	非常微小

（续）

探测机会	评价准则：过程控制探测的可能性	级别	探测可能性
加工后问题探测	操作者通过目视/排列/耳听法的事后失效模式探测	8	微小
开始时问题探测	操作者通过直观/目视/排列/耳听法在位置上做失效模式探测或操作者通过使用特性测量（行/不行，手动转矩检查等）做加工后探测	7	非常低
加工后问题探测	操作者通过使用变量测量或操作者在位置上通过使用特性测量做事后失效模式探测（行/不行，手动转矩检查等）	6	低
开始时问题探测	操作者在位置上使用变量测量或通过位置上的自动控制探测不符合零件，通过指示灯、警告灯等通知操作者。在设置上和首件检测时进行测量（仅对于设置要因）	5	一般
加工后问题探测	由自动控制探测变异零件并锁住零件，预防进一步加工的事后失效模式探测	4	一般高
开始时问题探测	由自动控制在位置上探测变异零件并在位置上自动锁住零件，预防进一步加工的失效模式探测	3	高
错误探测和/或问题预防	由自动化控制在位置上探测错误并预防制造中变异零件的错误（要因探测）	2	非常高
防错	以夹具设计、机械设计或零件设计所做的错误（要因）预防。通过过程/产品设计进行防错项目，避免产生不符合零件	1	几乎确定

9. PFMEA 与其他文件的关系

PFMEA 不是一个孤立的文件，它与其他文件的关系如图 5-4 所示。

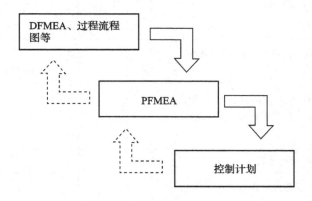

图 5-4 PFMEA 与其他文件的关系

10. PFMEA 注意事项

① 假定产品的设计符合要求。由设计弱点引发的潜在失效模式也可以包含在 PFMEA 中，这些失效模式的影响及控制措施要覆盖在 DFMEA 中。

② PFMEA 不依靠产品的设计更改来克服过程的局限。但它考虑与策划制造或装配过程相关的产品设计特性，以确保在可能的范围内产品符合顾客需求和期望。如不影响产品功能、性能的防错结构，这些信息必须传递给设计工程师，予以考虑和实施。

③ PFMEA 一般假设机械、设备满足预期的要求。

④ 假设过程的操作者是接受培训且完全理解和掌握过程的操作。

⑤ 假设每个过程接收的零件或材料是合格的。

⑥ 对外协件和原材料的控制机理可能需要考虑以往历史资料。

⑦ PFMEA 的过程要与过程流程图一致。

⑧ 只有过程的修改才可以降低严重度等级；探测度级别的降低推荐使用防错方法，重新设计探测方法可降低探测度的级别。

⑨ 对于是否有措施的需要，不建议使用 RPN 极限排序。

⑩ PFMEA 为动态文件，当过程发生更改和更新时，应对 PFMEA 进行评审与更新。

11．PFMEA 检查表

APQP 手册提供了 PFMEA 的检查表，以协助组织的多功能小组对 PFMEA 进行检查和确认。表 5 - 13 所示为 PFMEA 检查表。

表 5 - 13　PFMEA 检查表

顾客或厂内零件号：_____修订水平：_____

	问题	是	否	不适用	所要求的意见/措施	负责人	完成日期
1	PFMEA 是否由多功能小组进行？是否覆盖了全部的顾客特殊要求？包括现行 FMEA 版本中的 FMEA 方法论						
2	所有的操作包括分包方，或者外包过程和服务是否都被考虑到？						
3	所有影响顾客要求的操作，包括配合、功能、耐久性、政府法规和安全性是否已被识别并按顺序列出？						
4	是否考虑了类似零件/过程的 FMEA？						
5	在分析中是否对已发生事件和保修数据进行了评审？						
6	是否应用了适当的控制方法处理所有已识别的失效模式？						
7	当完成设计更改时，是否修改了严重度、探测度或频度？						

（续）

	问题	是	否	不适用	所要求的意见/措施	负责人	完成日期
8	对以后的操作组装和产品，在影响上是否考虑了顾客？						
9	在制定 PFMEA 时，是否借助于顾客工厂的问题？						
10	是否已将原因描述为可纠正或控制的事项？						
11	是否规定了在后续的或下一个操作之前控制失效模式起因的要求？						

制定人：_____　　修订日期：_____

5.7　试生产控制计划

试生产控制计划是样件制作后批量生产前，进行尺寸测量、材料和功能试验以及过程控制项目的描述，应用于试生产的过程控制。试生产数量一般为 300～500 件，除非顾客有规定。试生产控制计划应用于工装模具正规化、正式生产过程确认前的过程控制，试生产使用与批量生产相同的设备设施。

试生产控制计划的控制项目基本与生产控制计划一致。试生产控制计划设置的控制点、控制内容要比生产控制计划多一些，检测的频率及样本也可能多，一般为连续和 100%。控制计划最直接的信息来源是过程流程图和 PFMEA，三个文件的过程必须一致，覆盖从原材料入厂到产品发货的所有过程。PFMEA 中识别的失效模式与控制方法必须在控制计划中予以控制。图 5-5 所示为控制计划与过程流程图、PFMEA 各栏目的对应关系。

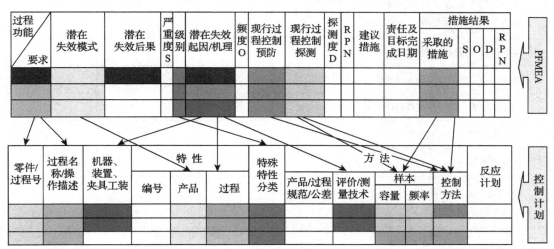

图 5-5　控制计划与过程流程图、PFMEA 各栏目的对应关系

　　试生产控制计划应包括正式生产过程确认前要实施的过程控制，目的是遏制初期生产运行过程中或量产前潜在不符合的发生。试生产控制计划应加强如下方面。

　　① 增加检验次数。

　　② 增加生产过程中的检查和最终检验点。

　　③ 稳健的统计评价。

　　④ 增强审核。

　　⑤ 识别防错装置。

　　试生产控制计划表格样式参考表 4-13，试生产控制计划表格各栏目的填写指南参考表 4-14。可使用表 5-14 所示的控制计划检查表对控制计划进行检查与确认。

表 5-14　控制计划检查表

顾客或厂内零件号：_____ 修订水平：_____

	问题	是	否	不适用	所要求的意见/措施	负责人	完成日期
1	在制订控制计划时是否使用了控制计划方法论？						
2	是否所有 PFMEA 识别的控制都包含在控制计划内？						
3	控制计划中是否包括了所有的产品/过程特殊特性？						
4	在制订控制计划时是否使用了 DFMEA 和 PFMEA？						
5	是否已明确需要检验的材料规范？						
6	控制计划中是否明确从进货（材料/零部件）到制造/装配（包括包装）的全过程？						
7	是否涉及工程性能试验要求？						
8	是否具备如控制计划所要求的量具和试验设备？						
9	如要求，顾客是否已批准控制计划？						
10	供方和顾客之间的测量方法是否一致？						
11	测量系统分析是否按顾客的要求完成？						
12	抽样大小是否基于工业标准、统计抽样计划表，或其他的统计过程控制方法或技术？						

制定人：_____ 修订日期：_____

5.8　过程说明书

过程说明书是供对过程操作负有直接责任的操作者使用的，对过程操作的细节、步骤进行详细描述，确保操作者能理解有效的过程指导文件。过程说明书的形式如作业指导书、检验指导书、操作规程、工艺卡和作业要领书等。过程说明书的内容应尽量用简洁和易于理解的语句进行描述，操作步骤应详细，工艺参数的设定，如设备的速度、压力、温度、供给量和时间等应明确，必要时采用图示或照片的方式进行说明。过程说明书的制订应满足顾客的要求，过程说明书应依据如下文件资料进行制订：

① FMEA。

② 控制计划。

③ 工程图样、工程规范、材料规范、外观标准。

④ 国家标准、行业标准、顾客标准。

⑤ 过程流程图。

⑥ 工厂平面布置图。

⑦ 特性矩阵图。

⑧ 包装标准和规范。

⑨ 过程参数。

⑩ 组织生产者对过程和产品的经验和知识。

⑪ 搬运要求。

⑫ 过程的操作者。

表 5 - 15 ~ 表 5 - 18 所示为过程说明书的几个示例，企业组织应该根据自己的工艺情况和顾客的要求进行设计与编制。

表 5 - 15　作业指导书示例

文件编号：QT × × × × × - × × ×

使用单位	橡胶车间		版次	A/0	编制日期	201 × 年 × × 月 × × 日
顾客名称	× × 汽车有限公司		使用设备		注射机 FT - 120/J122	
产品名称	密封条			名称		编号
产品图号	12345 - 67890	工装模具	注塑模具		Z - 26	
工序名称	注塑					

（续）

制品端面简图	8±0.5 PVC R6	工艺流程图	原材料入库→挤出→精裁→注射→终检→包装 →入库		
使用材料		PVC（70±3）HA			
工艺参数	注射机 FT－120	模具温度	料筒温度	料嘴温度	
		（50±10）℃	（170±10）℃	（180±10）℃	
		射出压力	保压压力	关模压力	冷却时间
		（60±5）kg/cm²	（30±5）kg/cm²	（65±10）kg/cm²	（5±1）s
		射出时间	保压时间	关模时间	油温
		（3±1）s	（2±1）s	（3±1）s	35~45℃
具体操作步骤	示意图				
具体操作步骤	操作要求	1）领取型条、注塑料 PVC，先将 PVC 粒料在（80±5）℃下持续烘干不少于 2h 2）打开注射机电源进行加温，并按上述参数设置注射机的温度、压力和时间 3）拿取上序转来的型条，查看横切面是否整齐，不露钢带 4）将型条两端插入模具型腔，将模具滑入注射位置，开始注射 5）角部注射完成，取出成品挂到专用料架上，待检 6）注射完的产品经专检验员参考"检验指导书"逐件检验，检验合格后，包装入库 7）外观检验频次：操作者 100% 检验，工艺参数监控：1 次/2h			

更改栏	更改内容	更改时间	更改人	负责人签字

编制：	审核：	批准：

表 5-16　检验指导书示例

文件编号：QT××××× - ×××

产品名称	产品图号	材料	使用部门	编制日期	版次
PAD	12345 - 67890	PP：PET	质量部、采购部	20××年××月××日	第一版

	项目	检测方法	量检具	规则/频次
检验项目	1）尺寸。尺寸符合采购要求，按简图执行，厚度 $T = 10\text{mm}$	专检员测量	游标卡尺 0 ~ 150mm，卷尺 0 ~ 3m	检查规则执行 Q/SC ××× 《抽样检查规则》，记录 5 件
	2）外观。外观表面应平滑、光滑、不变形，颜色为白色	目测	—	
	3）包装标识齐全（合格证、产品名称、型号、数量、生产日期、批次、生产厂家等），保质期限为一年	目测	—	100% 检验
	4）性能。阻燃 ≤80mm/min，气味性试验 4 级以上	实验室试验，参照 "试验大纲"	—	1 次/年

简图：

更改栏：

编制：　　　审核：　　　批准：

表 5 – 17　设备点检基准书示例

设备名称	吹塑机	文件编号	QT×××××－×××	版本	A/0	编制/修改日期	20××年××月××日	编制	审核	批准
使用部门	吹塑车间	编制时间	20××年××月××日							

设备点检基准书

1

2

3

4

5

6

7

序号	点检项目	点检周期	点检基准	点检方法	点检人员
1	电动机运转	班	电动机运转正常，无杂音	检查电动机在起动和正常运转时，有无噪声、异响	机长
2	系统压力	班	系统压力为6～9MPa	当正常生产合模时，目测系统压力表，系统压力是否为6～9MPa	机长
3	液压油位	班	油位在最高，最低线之间	目测油箱油位，不得低于最低线刻度，不得高于最高线刻度	机长
4	空气压力	班	空气压力为4.5～6.5MPa	当设备正常运转时，目测气压表，气压是否为4.5～6.5MPa	机长
5	液压泵	班	当液压泵运转时，无噪声	当设备正常运转时，检查液压泵是否有振动、噪声	机长
6	机筒温度	班	设定与实际显示温度偏差在5℃	在设备操作屏上，目测温度读数，查看设定温度与实际温度是否一致	机长
7	储料筒温度	班	设定与实际显示温度偏差在5℃	在设备操作屏上，目测温度读数，查看设定温度与实际温度是否一致	机长

表 5－18　作业要领书示例

作业要领书				文件编号：QT××××－×××		版本：A/0		页码：1/1
产品名称	左/右后车门密封条	图号	12345－67890		批准	审核		编制
作业名称	喷涂	生产线	J3－2	更改日期	批准	责任者	审核	编制
重要度		品标序号	要领书序号	更改栏	更改事由			
作业区分设备号	手工作业	C/T						

①　②　③　④　⑤－1　⑤－2

作业要点

序号	作业顺序	特性/标识	注意事项	风险
1	开启冷水开关对胶条表面降温处理，打开气管将水吹干	●	吹干水渍	品质不良
2	使用固定或手持激光测温仪测量胶条温度	◆	测温仪手柄与胶条平行，红色激光点对准胶条表面；胶条温度控制在 100～130℃ 范围内	品质不良
3	调整等离子枪距胶条为 1～1.5cm	●＋	配戴手套；用稀黄色火焰对胶条表面进行喷射处理，对准工作面（海绵管）	防止灼烫伤皮肤、品质不良
4	调整喷枪端口与产品的距离为 1～1.5cm	●	配戴手套与口罩	品质不良
5	设置喷涂气压为 0.15～0.2MPa，涂料流量为（4±2）cm³/min	●	配戴手套与口罩，工艺参数，每 2h 检查并记录一次	品质不良
6	当试喷雾化均为无颗粒、水渍现象时，开始作业	◆	监控喷涂涂料用量	品质不良
图标	品质检查 ◆　安全注意 ＋　标准手持 ●　保安件 ▽　废气排放 ▽　淋雨 ▣			

5.9　测量系统分析计划

1. 几个概念

测量：对某具体事物特性赋予数字或数值，以表示它们对于特定特性之间的关系。赋值过程即是测量过程，赋予的值定义为测量值。

量具：指任何用来进行测量，获得测量结果的装置。经常用来特指用在生产现场的装置，包括通/止规。

测量系统：用于对被测量特性定量或定性评价的仪器或量具标准、操作、方法、夹具、软件、人员、环境及假设的集合，即用来获得测量结果的整个过程。

测量过程可以看作一个制造过程，其产生的输出就是数值（测量值）。

2. 测量系统分析（MSA）

MSA 是 Measurement Systems Analysis 的英文简称，是用统计学的方法来了解测量系统中各个波动源，以及它们对测量结果的影响，最后给出本测量系统是否符合使用要求的明确判断。测量系统分析的目的是评估测量系统是否可靠，变差是否足够小，判断测量系统是否可以接受，确保产品质量满足和符合顾客的要求和期望。

测量系统可分为计数型与计量型两类。测量后能给出具体测量数值的为计量型测量系统；只能定性给出测量结果，如 OK/NG、通/止、非常好/好/差等的为计数型测量系统。

计量型测量系统分析通常包括偏倚（Bias）、稳定性（Stability）、线性（Linearity）、重复性和再现性（Repeatability and Reproducibility，R&R），即通常所说的五性分析。

① 偏倚：指同一操作人员使用同一量具，对同一零件的同一特性多次测量所得平均值与采用更精密仪器测量同一零件同一特性所得平均值之差，即测量结果的观测平均值与基准值的差值，通常被称为"准确度"。

② 线性：指测量设备在预期的工作（测量）量程内偏倚值的变化。可以被视为偏倚对于量程大小不同所发生的变化。

③ 稳定性：指测量系统在某一长期时间内测量同一基准或零件的单一特性所获得的测量值总变差。稳定性是随时间推移的偏倚变化的。

④ 重复性：指同一个评价人，采用同一种测量仪器，对同一零件的同一特性多次测量所得的测量变差。重复性是设备本身固有的变差或能力，即 EV，也称为"评价人内部"的变差。

⑤ 再现性：指由不同的评价人，使用同一测量仪器，测量同一零件的同一特性所得平均值的变差。通常指人员变差，即 AV，也称为"评价人之间"的变差。

测量系统的偏倚、线性、稳定性主要取决于测量设备本身，重复性和再现性不仅与测量设备有关，而且与操作者及零件本身的差异有关。在进行重复性和再现性分析前，应根据需要进行偏倚、线性或稳定性进行分析。

计数型测量系统分析通常使用假设试验分析和信号检查方法，但这些方法没有量化测量系统变差，风险相对较大，应该在顾客同意的条件下才能使用。

MSA 方法的分类如图 5 - 6 所示。

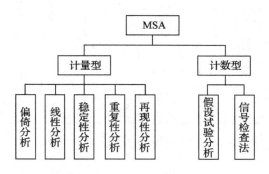

图 5 - 6　MSA 方法的分类

测量设备具有足够的分辨率是进行 MSA 的前提，测量设备的分辨率必须 ≤ 被测量规范的 10%。

一般来说，测量系统的偏倚和线性由量具校准来确定。测量系统的稳定性可长期抽样，重复测量相同部件的同一质量特性所得的均值极差控制图来监控。测量系统的重复性和再现性由 Gage-R&R 研究来确定。

专用检具进行定期的三坐标精度校准及稳定性确认，如果是计数型检具可进行 Kappa 计数型测量系统分析。

3．分析计划

组织必须对所有新的或改进后的量具、测量和试验设备进行测量系统分析研究，但不是所有的产品和过程特性都要求用如此复杂的方法来开发测量系统。一个基本的原则是零部件的被测特性是否已在控制计划中注明，或零部件特性是否是决定产品或过程可接受的重要特性。另外，也可以根据对某特定尺寸的指定公差等级来决定。

在 APQP 过程中，对于测量系统分析的要求应该由多功能小组或项目小组制订计划，计划的详细程度取决于产品和过程的情况。小组需评估子系统或零部件的设计，并识别其重要特性。已识别为特殊特性的尺寸，应评估测量该特性的能力。

表 5 - 19 所示为 MSA 计划的示例。

表 5 - 19　MSA 计划示例

文件编号：QT××××-×××

顾客名称：×××汽车有限公司		产品图号：12345 - 67890				产品名称：车门洞密封条					
序号	量检具名称	编号	规格	分度值	特性及特性值	分析内容与方法	目标值	完成时间		结果	结论
								计划	实际		
1	游标卡尺	6867	0~150mm	0.02mm	尺寸为 (18.2±0.5) mm	重复性与再现性方差法	%GRR≤10%	20××年11月20日	20××年11月18日	7.25%	合格
编制：		审核：			批准：			日期：			

5.10　初始过程能力研究计划

过程能力是指生产制造过程处于稳定状态（统计受控）下的实际加工能力。它是工序固有的能力，或者说它是工序保证质量的能力。生产制造过程的产品质量正常波动的经济幅度，通常以质量特性值近似于正态分布的 6 倍标准差来表示，记为 6σ。当过程处于稳定状态下，约有产品质量特性值的 99.73% 落在 6σ（$\mu\pm3\sigma$）范围内（μ 为估计的总体均值），即 6σ 几乎包括了产品质量特性值的整个变异范围。6 倍标准差（6σ）具有足够的精确度和良好的经济性，所以通常用 6σ 为标准衡量过程能力。

过程能力由造成变差的普通原因来确定，通常代表过程本身的最佳性能，当过程在统计受控状态下运行时，过程能力可以得到证实，它与规范无关。

然而，内外部的顾客更关心过程性能，也就是过程总的输出以及与它们要求（定义为规范）的关系，而不管过程的变差。

过程能力指数以往也称为工序能力指数，指过程能力满足产品技术要求的程度。用于评价过程能力的指数通常有 C_P、C_{PK}、P_P 和 P_{PK}。

C_P：能力指数。不受过程位置影响，它把过程能力与由公差表示的最大可允许的变差进行比较。该指数反映了过程是否能够很好地满足变化要求。C_P 对于单边公差没有意义。

C_P 的计算公式为

$$C_P = \frac{USL - LSL}{6\sigma_C} = \frac{USL - LSL}{6\left(\dfrac{\overline{R}}{d_2}\right)}$$

C_{PK}：能力指数。考虑了过程的位置和能力。对于双边公差，C_{PK} 将总是 $\leq C_P$。

C_{PK} 的计算公式为

$$C_{PK} = \min\ (CPU,\ CPL)$$

$$CPU = \frac{USL - \overline{\overline{X}}}{3\sigma_C} = \frac{USL - \overline{\overline{X}}}{3\left(\dfrac{\overline{R}}{d_2}\right)}$$

$$CPL = \frac{\overline{\overline{X}} - LSL}{3\sigma_C} = \frac{\overline{\overline{X}} - LSL}{3\left(\dfrac{\overline{R}}{d_2}\right)}$$

C_{PK} 与 C_P 应该总是一起进行评价和分析的。如果 C_P 值远大于对应的 C_{PK}，表明有机会可以通过改进使过程趋中。

P_P：性能指数。不受过程位置的影响。它把过程性能与由公差表示的最大可允许变差进行比较。该指数反映了过程是否能够很好地满足变化要求，P_P 对于单边公差没有意义。P_P 的计算公式为

$$P_P = \frac{USL - LSL}{6\sigma_P} = \frac{USL - LSL}{6s}$$

P_{PK}：性能指数。考虑了过程的位置和性能。对于双边公差，P_{PK} 将总是 $\leq P_P$。

P_{PK} 的计算公式为

$$P_{PK} = \min\ (PPU,\ PPL)$$

$$PPU = \frac{USL - \overline{\overline{X}}}{3\sigma_P} = \frac{USL - \overline{\overline{X}}}{3s}$$

$$PPL = \frac{\overline{\overline{X}} - LSL}{3\sigma_P} = \frac{\overline{\overline{X}} - LSL}{3s}$$

同样地，P_{PK} 与 P_P 应该总是一起进行评价和分析的。如果 P_P 值远大于对应的 P_{PK}，表明有机会可以通过改进使过程趋中。

对于单边公差，C_{PK} 等于 CPU 或 CPL，P_{PK} 等于 PPU 或 PPL，取决于公差是 USL 还是 LSL。

ppm（百万分之一）不合格品率有时用来作为过程能力补充测量。不合格品率与能力指数之间的对应关系，必须建立在数据正态分布的基础上。

在计算过程能力时，应与图表技术（均值极差图）一起使用，可以更好地理解估计的分布和规范界限的关系。在某种意义上说就是比较"过程的声音"和"顾客的声音"，并且努力使两者一致。

C_{PK}用来确定一个过程是否有能力满足顾客的需要。σ的估计值是依据子组内的变差确定的（$\overline{R}/d_2$或$\overline{S}/c_4$）。C_{PK}是考虑子组内变差的过程能力指数，不包含子组间变差的影响。如果所有子组间的变差都消除了，C_{PK}才会反映该过程是否有能力。因此，单单使用C_{PK}不能全面反映过程性能。

P_{PK}表示一个过程的性能是否实际上满足顾客的需要。σ值来自总变差（所有样本数据的标准差，即S）。P_{PK}是基于整个过程数据变差的过程性能指数。P_{PK}不仅仅考虑了子组内变差，也考虑了子组间变差，但是P_{PK}不能把组内变差和组间变差分离开来。

在计算同一组数据时，建议计算四个指数（C_P、C_{PK}、P_P、P_{PK}），通过这些指数的比较，可以分析产生过程变差的原因，有助于随时测量改进和确定改进的优先次序，如较低C_P、C_{PK}可能是子组内变差有问题，即过程处于统计受控状态下由于普通原因产生变差的影响。较低的P_P、P_{PK}可能是总变差有问题，即如果过程处于不受控状态，特殊原因和普通原因产生变差的影响。

所有能力和性能的评价都应局限于单个过程的特性。从来就不适合将几个过程的能力或性能结果组合或平均成一个指数。过程能力评价的特性应是顾客规定或小组识别特殊特性。

初始过程研究不仅是为了得到一个精确的指数值，而是为了更好地了解过程变差。可用合适的历史数据或足够的初始数据（至少100个）来绘制控制图，当过程稳定时，可计算C_{PK}。当过程存在已知可判断的特殊原因，且输出满足规范要求时，应该使用P_{PK}。如没有足够的可用数据（<100个），或变差原因未知时，应与经授权的顾客代表联系，以制订适当的计划。

初始过程能力研究是短期的，且预测不出时间以及人、材料、方法、设备、测量系统和环境所引起变差的影响。尽管这是短期的研究，但是在绘制控制图时，收集和分析数据仍是十分重要的。应取连续生产零件中的25组数据，包含至少100个读数。

初始过程能力研究在新项目有效的试生产过程中进行，并且初始过程能力研究开始前，必须进行测量系统分析。

多功能小组以控制计划中确认的特殊特性为基础，制定初始过程能力研究计划。表5-20所示为初始过程能力研究计划示例。

表 5 - 20　初始过程能力研究计划示例

产品图号: 12345 - 67890		产品名称: 支架		编制日期: 20××年××月××日			文件编号: QT×××××-×××		
序号	过程	特性名称	规格/参数	分析内容与分析方法	容量/频率	预计完成日期	特殊特性符号	产品初始过程能力要求	备注
1	冲压	尺寸	(8.5 ± 0.2) mm	$C_{PK}/P_{PK}/X_{bar} - R$	125 个数据/连续	20××年×月××日	A	$C_{PK} \geq 1.33$ $P_{PK} \geq 1.67$	
备注									
批准			审核				制表		

5. 11　人员配备

人员配备是组织根据经营目标和各项任务的要求, 对所需的各类人员进行正确选择、合理使用、科学考评和培训, 用合适的人员去完成组织结构中规定的各项任务, 从而保证整个组织目标和各项任务完成的职能活动。

本节所述的人员是项目策划活动所规划的制造现场产品实现的操作人员。在 APQP 过程中, 多功能小组应对制造现场的操作人员进行策划, 根据项目产品及过程的复杂情况及以往经验提出人员需求和培训需求, 并制订相应的计划。人员配备相关的计划也应列入项目实施主计划。

5. 11. 1　人员配置计划

人员配置是组织为了实现生产经营目标, 采用科学的方法, 根据岗得其人、人得其位、适才适所的原则, 将员工分配到组织的具体岗位上, 赋予他们具体的职责、权力, 使他们进入工作角色, 开始为实现组织目标发挥作用, 实现人力资源与其他物力、财力资源的有效结合而进行的一系列管理活动的总称。

生产一线员工一般以岗位需求为标准进行配置, 根据各工作岗位的特点、难易和繁简程度等实际情况, 及其对人员资格条件的要求, 为每个岗位配置相应能力水平的人员和数量。

多功能小组对项目产品的制造过程进行分析, 以满足顾客需要和期望为目的, 制订人员配置计划, 表 5 - 21 所示为人员配置计划示例。

5.11.2 员工培训

员工培训是指组织为开展业务及培育人才的需要，采用各种方式对员工进行有目的、有计划的培养和训练的管理活动。公开课、内训等均为常见的员工培训及企业培训形式。

员工培训包括员工技能培训和员工素质培训。培训方法有讲授法、视听技术法、讨论法、案例研讨法、角色扮演法、自学法、互动小组法、网络培训法和场景还原法等。

针对项目的培训大多是对于具体项目特性的专项培训，这种培训多数是短期和针对性很强的专业培训，培训形式主要是岗前培训和在岗培训。

多功能小组评价预期的员工是否具备具体项目相关要求和技能，当预期的员工不具有或不足够具有要求的技能和能力时，向人力资源部门提出培训需求，或制订培训计划，并按计划培训，以满足岗位的要求，能够制造出符合顾客要求的产品，满足顾客要求和期望。

员工培训是一个持续性的活动，不断提高员工的素质和技能。对于项目的专项培训，应于量产前完成。表 5 - 22 所示为员工培训计划的示例。

表 5 - 21 人员配置计划示例

文件编号：QT××××× - ×××

项目/车型	321A	顾客名称	×××汽车公司		编制日期	2018 年××月××日
产品名称		空调风管	产品图号		12345 - 67890	
序号	工种	资质要求			人数	备注
1	配料	小心谨慎，熟练操作各种量具			1	
2	吹塑	能熟练操作吹塑机设备，并熟悉吹塑作业，具备两年工作经验			2	
3	后加工	能熟练进行产品的修理、去飞边、切口、装配			4	
4	PAD 焊装	能熟练操作超声波焊接机，并熟悉焊装作业，具备一年工作经验			2	
5	检验	熟悉产品特殊特性及图样要求，熟练使用检具			1	
6	包装入库	能使用打包机，熟练包装程序			1	
备注						
编制		审核			批准	

表 5 – 22　员工培训计划示例

文件编号：QT××××× – ×××

项目/车型	321A	顾客名称	×××汽车公司	编制日期	2018 年××月××日
产品名称	空调风管	产品图号	12345 – 67890	培训日期	2018 年××月××日
培训内容					
产品为新项目产品，本产品成型尺寸与其他产品不同，所以需要对下述人员进行培训，需其熟悉产品特殊特性及图样要求					

序号	培训对象	岗位	培训方式	培训师
1	李××	产品吹塑	现场讲解	张××
2	李××	产品吹塑	现场讲解	张××
3	孟××	产品组装	现场讲解	张××
4	李××	产品组装	现场讲解	张××
5	袁××	产品修整	现场讲解	张××
6	张××	产品修整	现场讲解	张××
7	李××	PAD 焊装	现场讲解	张××
8	周××	PAD 焊装	现场讲解	张××
9	左××	产品检验	现场讲解	张××

备注	
编制	审核　　　　　　批准

5.12　管理者支持

在过程设计和开发阶段结束时，多功能小组应该安排正式的评审。评审结果报告给高层管理者，以获得他们的承诺与支持，协助解决任何未决事项。管理者支持包括确认策划，以及提供必要的资源和人员配置，以满足项目开发的需要。

项目阶段结束时可以邀请管理者参与产品质量策划会议，将项目进展情况报告给管理者，对于项目进展过程中发生的问题更易取得管理者的支持，以使项目顺利实施。会议记录和项目过程和开发评审报告可参考表 3 – 18 和表 3 – 19 的示例，项目阶段里程碑检查可参考表 5 – 23 的示例。

表5-23　项目阶段里程碑检查表3示例

文件编号：**QT×××××-××**

项目/车型：×××车型		项目编号：×××××		检查日期：×年×月×日
项目经理：李××			检查人员：	

里程碑：过程设计和开发

序号	检查点	是	否	完成程度/说明
1	过程流程图是否已确认？			
2	是否已完成了 PFMEA 并对高风险项目确定了措施？			
3	是否分析了产品特性与工序的关系？			
4	对生产现场的平面布置是否进行了策划？			
5	对包装和物流是否进行了策划？			
6	生产用原材料供应商是否已经批准？			
7	生产用辅助材料的来源是否已经确定？			
8	试生产控制计划是否已完成？			
9	是否已制订了测量系统分析计划？			
10	是否制定了初始过程能力研究计划？			
11	OTS 样件是否完成并已向用户提交？			
12	PFMEA 确定的改进措施是否实施？			
13	操作者是否已经得到培训？			
14	试生产所需的设备、工装、量检具是否已经到位？			
15	试生产所用原材料与辅助材料是否均已到位？			
16	试生产所需的操作与检验文件是否均已完成？			
17	是否所有遗留问题已汇总并确定了措施计划？			

备注：

结果：		是	否	说明（当结果为有条件认可或不予认可时需填写）：
	给予认可	■	□	
	有条件认可	□	□	
	不予认可	□	□	

项目组成员签字：	高层管理者意见：

第 6 章
产品和过程的确认

产品和过程的确认是通过一定数量的小批量试生产，评价和确认产品的符合性和制造过程的有效性。通过试生产运行确认产品是否满足顾客的要求，确认生产过程是否遵循控制计划和过程流程图，确认产品设计和加工过程有关的问题是否得到解决。

试生产必须在正式工装模具、生产设备、测量系统、人员、环境和生产节拍等要素条件下进行，生产数量一般按顾客计划要求规定，可以超过但不能少于这个数量，一般规定为 $1 \sim 8h$ 连续生产至少 300 件样品。这一阶段要完成 MSA、P_{PK}（初始过程能力研究）、包装评价、PPAP 等工作。

APQP 产品和过程的确认阶段如图 6-1 所示。

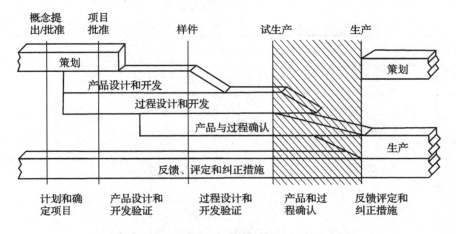

图 6-1　APQP 产品和过程确认的阶段示意图

6.1 一定数量的生产运行

制造过程有效性的确认从一定数量的生产运行开始。一定数量的生产运行必须在正式工装模具、生产设备、生产环境（包括生产操作者）、设施、量检具和生产节拍的条件下进行。最低限度的生产数量一般由顾客计划要求规定，可以超过但不能少于这个数量，一般规定为 $1 \sim 8h$ 连续生产至少 300 件产品。

一定数量的生产运行用来进行以下工作：

① 初始过程能力研究。

② 测量系统分析。

③ 生产节拍证实。

④ 过程评审。

⑤ 生产确认试验。

⑥ 生产件批准。

⑦ 包装评价。

⑧ 首次合格能力（FTC）。

⑨ 质量策划认定。

⑩ 样品生产零件。

⑪ 标准样件

试生产运行应保留记录，表 6-1 所示为试生产制造计划，表 6-2 所示为试生产运行记录表格参考样式。

表 6-1　试生产制造计划

编制日期：　　　年　　月　　日　　　　　　　　　　　　　　　　　文件编号：QT×××××－×××

产品名称		产品图号	
顾客名称		项目/车型	
生产形态	□样件制造 □试生产：　　　□4H　　　□8H　　　□2TP　　　□_____		
生产日期		生产数量	
制造车间		负责人	
生产记录		质量记录	
作业依据	□图样　　　□样件－CP　　　□工艺草案　　　□参数表　　　□其他		

（续）

作业前验证			
技术文件：□缺少　　□齐全		生产设备：□故障　　□完好	
工装模具：□损伤　　□完好		生产材料：□异常　　□合格	
质量要求：□含糊　　□明确		操作人员：□培训　　□未培训	
验证结论	□可以生产　　□整改后生产　　□停止生产 签名：　　　　　　　日期：		
补充说明			
备注	1）样件生产数量一般为 10～20 件或按顾客需求以及保留需求而定		
	2）试生产件数一般为 300～500 件或按顾客需求而定		
编制：	审核：		批准：

表 6-2　试生产运行记录表格

编制日期：　　年　　月　　日　　　　　　　　　　　　　文件编号：QT×××××－×××

产品名称			图号			项目	
生产形态	□ 样件生产 □ 试生产：　□4H　　□8H　　□2TP　　□_____					生产日期	
						运行时间	

各 工 序 生 产 情 况

工序编号	工序名称	操作者	生产数	合格数	单件时间	设备	工装	备注
1								
2								
3								
4								
5								
6								
7								
8								

（续）

1. 生产过程描述（包含调试时间）：	签字：　　　　年　　月　　日
2. 工装模具、工艺参数调整记录：	签字：　　　　年　　月　　日
3. 产品检验结论（存在的主要问题及改进意见）（附检验报告）：	签字：　　　　年　　月　　日
4. 主管技术人员意见（存在的问题及改进意见）：	签字：　　　　年　　月　　日
5. 车间意见（运行中存在的问题及改进建议）：	签字：　　　　年　　月　　日
6. 项目负责人意见：	签字：　　　　年　　月　　日

6.2　测量系统分析

在一定量的生产运行时，应该使用规定的监控、测量装置和方法检验控制计划中标识的特性，确认是否符合工程规范。为了使测量数据真实、可靠，了解测量系统是否满足产品特性的测量需求，评价测量系统的适用性，确保产品质量满足和符合顾客的要求和期望，需进行测量系统分析。

测量系统分析根据测量系统分析计划的规定进行，并判定测量系统是否满足，确定改进事项。测量系统分析可分为计数型与计量型两类。以下列举计数型测量系统分析与计量型测量系统分析的两个例子，分别为重复性和再现性分析和 Kappa 分析。

6.2.1　重复性和再现性分析

重复性和再现性（GRR）分析通常称为双性分析。重复性和再现性分析的方法主要有极差法、均值极差法和方差分析法。

极差法是一种修正的计量型测量系统分析方法，它可以对测量变差快速提供一个近似值，但这种方法只能对测量系统提供变差的整体情况，不能将变差分解成重复性和再现性。极差法通常用来快速检查验证重复性和再现性是否有变化。

均值极差法是一种可以同时对测量系统提供重复性和再现性估计值的分析方法，它将测量系统的变差分成重复性和再现性两个独立部分，但不能确定它们两者的相互作用。

方差分析法（ANOVA）是一种标准的统计技术，可用来分析测量误差和测量系统分析中的其他变差来源。变差可分解为零件、评价人、零件与评价人之间的相互作用，以及由于量具造成的重复误差。

重复性和再现性分析一般结合图表进行，可使用测量系统分析所收集的数据制作控制图，从而更直观地分析一些测量系统有关的问题。

以下为常用的均值极差法介绍。

重复性和再现性分析方法的要素一般如下：

① 样品数量：≥5，一般为 10 件。

② 评价人数：两三人，通常为 3 人。

③ 测量方法：盲测。

④ 重复测量次数：两三次，通常为 3 次。

表 6-3、表 6-4 所示为重复性和再现性分析均值极差法的表格示例。

表 6-3　重复性与再现性数据表示例

表格编号：QT×××××－×××

量具名称：游标卡尺		零件名称：YC7			测量日期：						
量具编号：0506		测量参数：			测量人员：张×× 李×× 陈××						
量具量程：0～150mm		零件规格：（12.8±0.3）mm			测量次数：2						

评价人数：3		零 件 编 号					零件个数：10				平均值
试验次数：2		1	2	3	4	5	6	7	8	9	10	
1. A	1	12.800	12.780	12.820	12.800	12.840	12.740	12.800	12.800	12.780	12.820	12.7980
2.	2	12.800	12.780	12.840	12.800	12.840	12.760	12.800	12.800	12.800	12.820	12.8040
3.	3											
4. 均值		12.800	12.780	12.830	12.800	12.840	12.750	12.800	12.800	12.790	12.820	$\overline{X}_A = 12.8010$
5. 极差		0.000	0.000	0.020	0.000	0.000	0.020	0.000	0.000	0.020	0.000	$\overline{R}_A = 0.0060$
6. B	1	12.780	12.800	12.840	12.800	12.820	12.760	12.800	12.800	12.800	12.840	12.8040
7.	2	12.780	12.800	12.820	12.800	12.820	12.740	12.800	12.800	12.780	12.840	12.7980
8.	3											
9. 均值		12.780	12.800	12.830	12.800	12.820	12.750	12.800	12.800	12.790	12.840	$\overline{X}_B = 12.8010$
10. 极差		0.000	0.000	0.020	0.000	0.000	0.020	0.000	0.000	0.020	0.000	$\overline{R}_B = 0.0060$
11. C	1	12.780	12.800	12.840	12.820	12.820	12.740	12.820	12.800	12.800	12.840	12.8060
12.	2	12.800	12.800	12.840	12.800	12.820	12.740	12.800	12.800	12.800	12.820	12.8020
13.	3											
14. 均值		12.790	12.800	12.840	12.810	12.820	12.740	12.810	12.800	12.800	12.830	$\overline{X}_C = 12.8040$
15. 极差		0.020	0.000	0.000	0.020	0.000	0.000	0.020	0.000	0.000	0.020	$\overline{R}_C = 0.0080$
零件均值 $\overline{X}_P$		12.790	12.793	12.833	12.803	12.827	12.747	12.803	12.800	12.793	12.830	$\overline{\overline{X}} = 12.8020$ $\overline{R}_P = 0.0867$

极差均值　$\overline{\overline{R}} = (\overline{R}_A + \overline{R}_B + \overline{R}_C)/$评价人数 $= 0.00667$	试验次数	2	3
最大均值差　$X_{DIFF} = \overline{X}_{max} - \overline{X}_{min} = 0.0030$	D4	3.27	2.57
均值上限　$UCL_{\overline{X}} = \overline{\overline{X}} + A_2\overline{R} = 12.8145$　　极差上限　$UCL_R = D_4\overline{R} = 0.0218$	D3	0	0
均值下限　$UCL_{\overline{X}} = \overline{\overline{X}} - A_2\overline{R} = 12.7895$　　极差下限　$LCL_R = D_3\overline{R} = 0$	A2	1.88	1.02

注：

(续)

量具名称：游标卡尺	零件名称：YC7	测量日期：
量具编号：0506	测量参数：	测量人员：张×× 李×× 陈××
量具量程：0～150mm	零件规格：（12.8±0.3）mm	测量次数：2

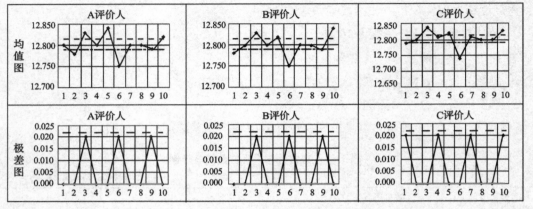

表6-4 重复性与再现性分析报告示例

表格编号：QT×××××-×××

量具名称：游标卡尺	零件名称：YC7	分析日期：
量具编号：0506	测量参数：	测量人员：张××
量具量程：0～150mm	零件规格：（12.8±0.3）mm	评价人数：3
来自数据表：$\overline{\overline{R}} = 0.007$	$X_{DIFF} = 0.0030$ $R_P = 0.087$	试验次数 $r = 2$ 零件数量 $n = 10$

测量系统分析			% 总变差/TV
重复性——设备变差/EV $EV = \overline{\overline{R}}K_1$ $= 0.007 \times 0.89$ $= 0.006$	试验次数 / 2 / 3	K_1 / 0.8862 / 0.5908	$\%EV = 100\% \times (EV/TV)$ $= 100\% \times (0.006/0.028)$ $= 21.4\%$
再现性——评价人变差/AV $AV = \sqrt{(\overline{X}_{DIFF}K_2)^2 - [EV^2/(nr)]}$ $= \sqrt{(0.003 \times 0.52)^2 - [0.006^2/(10 \times 2)]}$ $= 0.0008$	平价人数 / 2 / 3	K_2 / 0.7071 / 0.5231	$\%AV = 100\% \times (AV/TV)$ $= 100\% \times (0.001/0.028)$ $= 3.0\%$
重复性和再现性（R&R） $R\&R = \sqrt{EV^2 + AV^2}$ $= \sqrt{0.006^2 + 0.001^2}$ $= 0.006$	零件数量 / 3 / 4 / 5	K_3 / 0.5231 / 0.4467 / 0.4030	$\%R\&R = 100\% \times (R\&R/TV)$ $= 100\% \times (0.006/0.028)$ $= 21.4\%$
零件变差（PV） $PV = R_P K_3$ $= 0.0867 \times 0.31$ $= 0.027$	6 / 7 / 8 / 9 / 10	0.3742 / 0.3534 / 0.3375 / 0.3249 / 0.3146	$\%PV = 100\% \times (PV/TV)$ $= 100\% \times (0.027/0.028)$ $= 96.4\%$
总变差（TV） $TV = \sqrt{R\&R^2 + PV^2}$ $= \sqrt{0.006^2 + 0.027^2}$ $= 0.028$			有效分辨率 $= 1.41(PV/R\&R)$ $= 1.41 \times (0.27/0.006)$ $= 6.345$
判定：$10 \leqslant \%R\&R < 30\%$，测量系统尚可接受！			

（续）

测量系统分析	% 总变差/TV
分析评价措施	重复性和再现性占总变差的 **21.4%**，重复性变差 > 再现性变差，固该量具设备误差为主要变差，应对该量具进行校准及培训评价人

编制：	审核：	批准：

　　方差分析法与均值极差分析法的主要区别在于，两者对测量系统变异（精确性误差）的分解程度不同。均值极差法将测量系统变异分解成重复性变异和再现性变异两部分。方差分析法将测量系统变异分解成重复性变异、再现性变异以及操作员和部件相互影响的再现性变异三部分。

　　与平均值极差法相比，极差法有以下优点：

　　① 有能力解决任何试验的作业准备。

　　② 能更准确地估计变差。

　　③ 可从试验数据中得到更多的信息，如零件与评价人之间相互作用的影响。

　　其缺点是方差法数值计算更加复杂，要求有一定的统计学知识，所以一般使用计算机统计分析软件（如 Minitab）进行分析，图 6-2 和图 6-3 所示为使用 Minitab 分析 $R\&R$ 的一个例子。

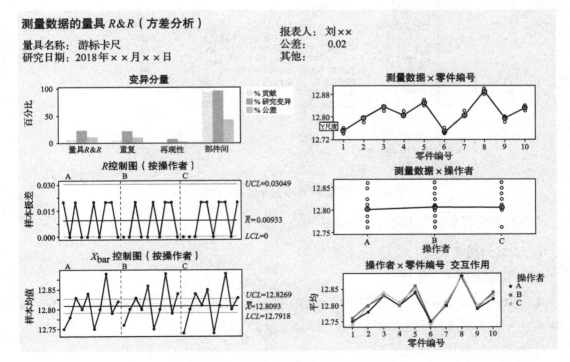

图 6-2　使用 Minitab 分析 $R\&R$ 示例

量具R&R研究–方差分析法

测量数据的量具 R&R

量具名称：游标卡尺
研究日期：2018.×.××
报表人：刘××
公差：0.02
其他：

包含交互作用的双因子方差分析表

来源	自由度	SS	MS	F	P
零件编号	9	0.103173	0.0114637	112.964	0.000
操作者	2	0.000573	0.0002867	2.825	0.086
零年编号 * 操作者	18	0.001827	0.0001015	1.087	0.408
重复性	30	0.002800	0.0000933		
合计	59	0.108373			

删除交互作用项选定的 Alpha=0.25

不包含交互作用的双因子方差分析表

来源	自由度	SS	MS	F	P
零件编号	9	0.103173	0.0114637	118.932	0.000
操作者	2	0.000573	0.0002867	2.974	0.061
重复性	48	0.004627	0.0000964		
合计	59	0.108373			

量具 R&R

来源	方差分量	方差分量贡献率
		5.29
合计量具 R&R	0.0001059	4.82
重复性	0.0000964	0.48
再现性	0.0000095	0.48
操作者	0.0000095	94.71
部件间	0.0018946	100.00
合计变异	0.0020005	

过程公差=0.6

来源	标准差（SD）	研究变异（6*SD）	%研究变异（%SV）	%公差（SV/Toler）
合计量具 R&R	0.0102909	0.061745	23.01	10.29
重复性	0.0098178	0.058907	21.95	9.82
再现性	0.0030845	0.018507	6.90	3.08
操作者	0.0030845	0.018507	6.90	3.08
部件间	0.0435265	0.261159	97.32	43.53
合计变异	0.0447264	0.268359	100.00	44.73

可区分的类别数=5

测量数据的量具 R&R

图 6-3   使用 Minitab 分析 *R&R* 数据示例

重复性和再现性分析原则可参考以下方面。

1. 数据的判定

① %GRR≤10%，接受。

② 10%≤%GRR≤30%，根据测量系统的重要性、测量装置的成本和维修费用等，确定是否可接受或分析原因，确定改进措施，以得到顾客认可。

③ %GRR＞30%，不可接受。

④ $ndc \geqslant 5$。

2. 图表（均值极差图）的判定

① 极差图无控制点超出控制限外。

② 均值图有大约一半或一半以上的控制点落在控制限外。

3. 测量系统或量具变差的分析

当重复性（EV）大于再现性（AV）时，其原因可能如下：

① 仪器需要保养。

② 量具应重新设计，来提高刚度。

③ 量具的夹紧或零件定位的方式需要改进。

④ 存在过大的零件变差。

当再现性（AV）大于重复性（EV）时，其原因可能如下：

① 需要更好地培训评价人员如何使用量具及数据读取方式。

② 量具刻度盘上的刻度不清楚。

③ 可能需要辅助夹具协助评价人员使用量具。

6.2.2　Kappa 分析

任何使用测量系统来作为结论都会存在一定的风险。由于最大的风险位于分类的边界处，因此，最合适的分析方法是量化测量系统的变差成为量具性能曲线。对于以"是"和"不是"为计数基础的定性数据，计量型的测量系统分析方法不能被用来评价这样的系统，可使用风险分析的方法来评价。

Kappa 分析是一种假设试验分析交叉表法的测量系统分析方法，用来确定评价人之间一致性的程度、评价人与基准之间一致性程度，计算测量系统的有效性。

Kappa 是一种程度而不是试验，其大小用一个渐进的标准误差构成的 t 统计量决定。通用的判定准则是：Kappa >0.75，表示一致性好（Kappa 最大为 1）；Kappa <0.4，表示一致性差。

测量系统有效性评价的准则见表 6-5。

表 6-5　测量系统有效性评价的准则

决定测量系统	有效性	错误率	错误警报率
评价人可接受的条件	≥90%	≤2%	≤5%
评价人可接受的条件 —可能需要改进	≥80%	≤5%	≤10%
评价人不可接受的条件 —需要改进	<80%	>5%	>10%

表6-6～表6-9所示为计量型测量系统分析 Kappa 分析的一个例子。

表6-6 **Kappa 分析报告（数据表）示例**

测量仪器名称			通/止规			样品/名称			盖板		
测量仪器编号			XJJ005			被测参数			0.45～0.55		
操作者			A：陈××、B：刘××、C：杨××			记录/日期			20××年××月××日		
零件	A			B			C			基准	基准值	代码
	1	2	3	1	2	3	1	2	3			
1	1	1	1	1	1	1	1	1	1	1	0.48	+
2	1	1	1	1	1	1	1	1	1	1	0.51	+
3	0	0	0	0	0	0	0	0	0	0	0.58	−
4	0	0	0	0	0	0	0	0	0	0	0.57	−
5	0	0	0	0	0	0	0	0	0	0	0.57	−
6	1	1	1	1	1	1	0	1	1	1	0.55	×
7	1	1	1	1	1	1	1	1	1	1	0.46	×
8	1	1	1	1	1	1	1	1	1	1	0.50	+
9	0	0	0	0	0	0	0	0	0	0	0.43	−
10	1	1	1	1	1	1	1	1	1	1	0.52	+
11	1	1	1	1	1	1	1	1	1	1	0.49	+
12	0	0	0	0	0	0	0	0	0	0	0.56	×
13	1	1	1	1	1	1	1	1	1	1	0.54	×
14	1	1	1	0	1	1	1	1	1	1	0.45	×
15	1	1	1	1	1	1	1	1	1	1	0.52	+
16	1	1	1	1	1	1	1	1	1	1	0.53	+
17	1	1	1	1	1	1	1	1	1	1	0.52	+
18	1	1	1	1	1	1	1	1	1	1	0.48	+
19	1	1	1	1	1	1	1	1	1	1	0.52	+
20	1	1	1	1	1	1	1	1	1	1	0.48	+
21	1	1	1	1	1	0	1	1	1	1	0.45	×
22	0	1	1	1	1	1	1	1	1	1	0.55	×

（续）

零件	A			B			C			基准	基准值	代码
	1	2	3	1	2	3	1	2	3			
23	1	1	1	1	1	1	1	1	1	1	0.53	+
24	1	1	1	1	1	1	1	1	1	1	0.51	+
25	0	0	0	0	0	0	0	0	0	0	0.60	−
26	1	1	1	1	1	1	1	1	1	1	0.55	×
27	1	1	1	1	1	1	1	1	1	1	0.50	+
28	1	1	1	1	1	1	1	1	1	1	0.52	+
29	1	1	1	1	1	1	1	1	1	1	0.52	+
30	1	1	0	1	1	1	1	1	1	1	0.55	×
31	1	1	1	1	1	1	1	1	1	1	0.50	+
32	1	1	1	1	1	1	1	1	1	1	0.51	+
33	1	1	1	1	1	1	1	1	1	1	0.49	+
34	1	1	1	1	1	1	1	0	1	1	0.45	×
35	1	1	1	1	1	1	1	1	1	1	0.50	+
36	0	0	0	0	0	0	0	0	0	0	0.56	×
37	0	0	0	0	0	0	0	0	0	0	0.41	−
38	1	1	1	1	1	1	1	1	1	1	0.49	+
39	0	0	0	0	0	0	0	0	0	0	0.43	−
40	1	1	1	1	1	1	1	1	1	1	0.50	+
41	1	1	1	1	1	1	1	1	1	1	0.51	+
42	0	0	0	0	0	0	0	0	0	0	0.57	−
43	0	0	0	0	0	0	0	0	0	0	0.44	×
44	1	1	1	1	1	1	1	1	1	1	0.47	+
45	0	0	0	0	0	0	0	0	0	0	0.41	−
46	1	1	1	1	1	1	1	1	1	1	0.49	+
47	1	1	1	1	1	1	1	1	1	1	0.49	+
48	0	0	0	0	0	0	0	0	0	0	0.58	−
49	1	1	1	1	1	1	1	1	1	1	0.48	+
50	0	0	0	0	0	0	0	0	0	0	0.44	×

注："1"为合格，"0"为不合格。

表6-7　Kappa分析报告（评价人交叉分析）示例

Kappa分析报告（评价人交叉分析）

A与B交叉表

			B		总计
			0.00	1.00	
A	0.00	计算	42	2	44
		期望的计算	12.9	31.1	44.0
	1.00	计算	2	104	106
		期望的计算	31.1	74.9	106.0
总计		计算	44	106	150
		期望的计算	44.0	106.0	150.0

A与C交叉表

			C		总计
			0.00	1.00	
A	0.00	计算	42	2	44
		期望的计算	12.9	31.1	44.0
	1.00	计算	2	104	106
		期望的计算	31.1	74.9	106.0
总计		计算	44	106	150
		期望的计算	44.0	106.0	150.0

B与C交叉表

			C		总计
			0.00	1.00	
B	0.00	计算	42	2	44
		期望的计算	12.9	31.1	44.0
	1.00	计算	2	104	106
		期望的计算	31.1	74.9	106.0
总计		计算	44	106	150
		期望的计算	44.0	106.0	150.0

Kappa分析结果（要求：Kappa≥0.75）

Kappa	A	B	C
B	—	0.94	0.94
B	0.94	—	0.94
C	0.94	0.94	—

结论：
　分析结果表明评价人之间表现出的一致性良好

表 6 - 8　Kappa 分析报告（评价人与基准交叉分析）示例

Kappa 分析报告（评价人与基准交叉分析）

A 与基准判断交叉表

			基准		总计
			0.00	1.00	
A	0.00	计算	42	2	44
		期望的计算	12.3	31.7	44.0
	1.00	计算	2	106	106
		期望的计算	29.7	76.3	106.0
总计		计算	42	108	150
		期望的计算	42.0	108.0	150.0

B 与基准判断交叉表

			基准		总计
			0.00	1.00	
B	0.00	计算	42	2	44
		期望的计算	12.3	31.7	44.0
	1.00	计算	2	106	106
		期望的计算	29.7	76.3	106.0
总计		计算	42	108	150
		期望的计算	42.0	108.0	150.0

C 与基准判断交叉表

			基准		总计
			0.00	1.00	
C	0.00	计算	42	2	44
		期望的计算	12.3	31.7	44.0
	1.00	计算	2	106	106
		期望的计算	29.7	76.3	106.0
总计		计算	42	108	150
		期望的计算	42.0	108.0	150.0

Kappa 分析结果（要求：Kappa≥0.75）

	A	B	C
Kappa	0.97	0.97	0.97

结论：

分析结果表明评价人与基准表现出的一致性良好

表 6 - 9 **Kappa 分析报告**（测量系统有效性分析）示例

Kappa 分析报告
测量系统有效性分析

来源	% 评价人 （评价人自己在所有试验上一致）			得分与计数 （评价人所有试验上与基准一致）		
	A	B	C	A	B	C
总受检数	50	50	50	50	50	50
符合数	48	48	48	48	48	48
有效率	96.0%	96.0%	96.0%	96.0%	96.0%	96.0%

	系统有效得分 （所有评价人自己保持一致）	系统有效得分与计数 （所有评价人与基准一致）
总受检数	50	50
符合数	44	44
有效率	88.0%	88.0%

	有效性≥90%	漏发警报的比例≤2%	误发警报的比例≤5%
A	96.0%	0.00%	4.00%
B	96.0%	0.00%	4.00%
C	96.0%	0.00%	4.00%

结论：

　　基于上述信息，判定该测量系统中，评价人 A、B、C 均接受，该测量系统符合要求

评价人：　　　　　　　审核：　　　　　　　批准：

Kappa 分析也可以使用 Minitab 等计算机统计软件进行分析。测量系统分析所用到的控制图常数参考附录 C，其他分析方法和详细信息参考克莱斯勒、福特和通用汽车公司的 MSA 参考手册。

6.3　初始过程能力研究

在试生产运行过程中，对控制计划中标识的特性进行初始过程能力研究，以确认生产过程已经准备就绪，过程能力满足顾客的需要。初始过程能力研究的实施按初始过程能力研究计划进行。初始过程能力研究应与图表技术结合使用，表 6 - 10 所示为初始过程能力研究的一个例子。

过程能力研究结果分析原则可参考以下方面。

1．数据的判定

PPAP 中对于初始过程能力的接受准则如下：

① 指数值 > 1.67，该过程目前能满足接受准则。

② 1.33 ≤ 指数值 ≤ 1.67，该过程目前可被接受，但是可能会被要求进行一些改进。请联系经授权的顾客代表，评审研究结果。

③ 指数值 < 1.33，该过程目前不能满足接受准则。联系经授权的顾客代表，评审研究结果。

2．图表（均值极差图）的判定

$\bar{X} - R$ 图有以下情况时可能存在特殊原因，需分析原因，采取措施：

① 任何超出控制限的点。

② 连续 7 点在中心线之上或之下。

③ 连续 7 点上升或下降。

④ 点的上升或下降出现明显的一定间隔的周期现象。

⑤ 大于 2/3 的点落在控制限内靠近中心线的 1/3 区域内。

⑥ 点集中在中心线附近（$CL \pm 1\sigma$）或控制界限附近（$CL \pm 2\sigma$ 与 $CL \pm 3\sigma$ 之间）。

⑦ 任何其他明显非随机的图形。

表 6 - 10　初始过程能力研究报告示例

过程能力研究报告：计量型数据控制图（$\overline{X}$ - R 控制图）

文件编号：QT×××××-×××

产品名称	ABC33		规格		标准值/mm	6.00		子组容量/个	5		管制		一车间		生产部门		编号	12345
产品图号	12345 - 67890		上限 USL	标准				组数	25		上限 UCL		挤出机		设备		量具	卡尺 0250
控制特性	宽度		中心限 CL	值/mm	5.70						中心限 CL		挤出		工序		抽样方法	连续
测量单位	mm		下限 LSL		5.40						下限 LCL		陈××		制定人		日期	20××年××月××日

日期/时间	x-x-x	8:10	8:20	8:30	8:40	8:50	9:00	9:10	9:20	9:30	9:40	9:50	10:00	10:10	10:20	10:30	10:40	10:50	11:00	11:10	11:20	11:30	11:40	11:50	12:00	12:10	合计
读数 1		5.66	5.80	5.76	5.68	5.68	5.64	5.80	5.72	5.74	5.74	5.72	5.80	5.74	5.78	5.74	5.74	5.68	5.74	5.72	5.76	5.66	5.76	5.74	5.78	5.72	
读数 2		5.74	5.74	5.78	5.78	5.78	5.68	5.74	5.78	5.68	5.78	5.66	5.66	5.82	5.80	5.70	5.76	5.72	5.76	5.74	5.72	5.66	5.80	5.76	5.68	5.68	$\sum \overline{X}$ = 717.08
读数 3		5.74	5.76	5.74	5.64	5.82	5.72	5.82	5.74	5.72	5.76	5.72	5.72	5.78	5.66	5.80	5.78	5.78	5.84	5.70	5.78	5.68	5.72	5.68	5.68	5.74	$\sum R$ = 3.18
读数 4		5.72	5.82	5.76	5.76	5.80	5.78	5.72	5.84	5.78	5.74	5.74	5.70	5.74	5.70	5.68	5.72	5.68	5.74	5.76	5.72	5.72	5.80	5.68	5.70	5.82	
读数 5		5.68	5.70	5.82	5.70	5.66	5.74	5.86	5.74	5.82	5.72	5.78	5.68	5.64	5.72	5.66	5.70	5.64	5.72	5.82	5.62	5.80	5.82	5.64	5.76	5.72	
$\sum X$		28.60	28.80	28.86	28.56	28.74	28.56	28.94	28.82	28.74	28.74	28.62	28.56	28.72	28.66	28.58	28.70	28.50	28.80	28.74	28.60	28.52	28.90	28.54	28.60	28.68	平均
$\overline{X}$		5.72	5.76	5.77	5.71	5.75	5.71	5.79	5.76	5.75	5.75	5.72	5.71	5.74	5.73	5.72	5.74	5.70	5.76	5.75	5.72	5.70	5.78	5.71	5.72	5.74	$\overline{\overline{X}}$ = 5.74
R		0.14	0.12	0.08	0.14	0.16	0.14	0.14	0.12	0.14	0.06	0.12	0.14	0.18	0.14	0.14	0.08	0.14	0.12	0.12	0.16	0.14	0.10	0.12	0.10	0.14	$\overline{R}$ = 0.13

管制：
$\overline{X}$图/mm：上限 UCL 5.81，中心限 CL 5.74，下限 LCL 5.66
R图/mm：上限 UCL 0.27，中心限 CL 0.13，下限 LCL 0.00

判定条件：>USL 蓝色，<LSL 红色，$N=125$

$\overline{X}$ 控制图（纵轴：5.95　5.75　5.55　5.35；横轴时间 8:10～12:10）

R 控制图（纵轴：0.30　0.25　0.20　0.15　0.10　0.05　0.00；横轴时间 8:10～12:10）

预测不良率/PPM：1

过程能力分析：
Std. Dev. = 0.05
$\sigma = 0.05$
$P_{PK} = 1.67$
$P_P = 1.91$
$C_a = 0.12$
$C_{PK} = 1.60$
$C_P = 1.83$
Grade = B

分析评价及措施：

3. 四个指数的分析

较低 C_P、C_{PK} 可能是子组内变差有问题，即过程处于统计受控状态下由于普通原因产生变差的影响。较低的 P_P、P_{PK} 可能是总变差有问题，即如果过程处于不受控状态，是由于特殊原因和普通原因产生变差的影响。

C_P 值远大于对应的 C_{PK}，P_P 值远大于对应的 P_{PK}，可以通过改进使过程趋中。

过程能力研究也可以使用 Minitab 等计算机统计软件进行分析，图 6-4 所示为使用 Minitab 进行初始过程能力研究的一个例子。

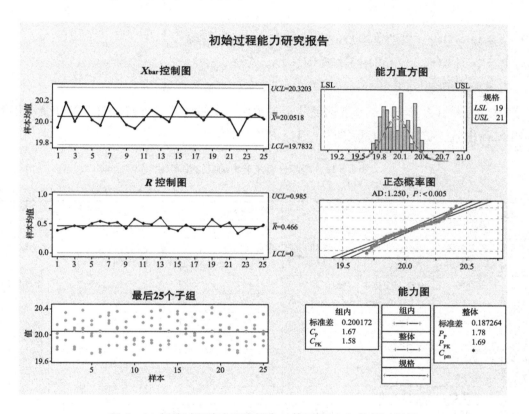

图 6-4　初始过程能力研究报告（使用 Minitab 软件）示例

初始过程能力研究所用到的控制图常数参考附录 C，详细信息参考克莱斯勒、福特和通用汽车公司的基础 SPC 参考手册。

6.4　产能和生产节拍的确认

通过一定数量的试生产对生产能力进行计算，分析是否能满足顾客对供货量的要求。可以根据顾客的要求计算实际产能与顾客需求量的差异、实际产能占顾客需求量的百分比、生产节拍等方法进行。产能计算一般先统计出每个工序的实际工时，分析平衡状态，再找出瓶颈工序计算实际产能，对产能或节拍满足顾客需求量的情况做出判断。产能计算时应考虑设备的有效稼动率、产品的不良品率，以及人员的配置情况等。

生产节拍一般是指顾客需求的节拍，生产节拍又称为客户需求周期、产距时间，是指在一定时间长度内，总有效生产时间与客户需求数量的比值，是客户需求一件产品的市场必要时间。如果是多工序生产的产品，一般考虑计算瓶颈工序的生产节拍。

生产节拍的计算公式如下：

$$T = \frac{T_a}{T_d}$$

式中　　T = Takt Time（生产节拍）；

T_a = Time Available（可用工作时间，min/天）；

T_d = Time Demanded or Customer Demand（客户需求，件数/天）。

表 6-11 所示为产能分析及节拍确认报告示例，在做产能和节拍计算时，如果不能满足顾客顶峰需求量，必须采取必要措施，以保证顾客节拍。

表 6-11　产能分析及节拍确认报告示例

文件编号：QT×××××-×××

项目/车型		×××车型		顾客名称	×××汽车公司		
产品名称		组合仪表		产品图号	××××-××××××		
工序号	工序名称	设备/工装	说明	实际工时/s	工时分解	平均工时/s	平衡状态
1	工序 1	设备 1		23	1	23	
2	工序 2	设备 2/设备 3	两组同时生产	47	2	23.5	
3	工序 3	设备 4/设备 5	两组同时生产	45	2	22.5	
4	工序 4	设备 6		17	1	17	
5	工序 5	设备 7		16	1	16	
6	工序 6	设备 8		28	1	28	
7	工序 7	设备 9		25	1	25	
8	工序 8	设备 10		28	1	28	
9	工序 9	加工	两名员工	35	2	17.5	
10	工序 10	设备 12		23	1	23	
11	工序 11	设备 13		20	1	20	
合计				307	14.00	243.50	
生产能力							
班/日	h/班	min/班	s/班	s/日	运转率（%）	P_{MAX}	数量/日
2	8	480	28800	57600	95%	28	1954.2857
日/月	数量/月	良品率	生产线占有率	产能/日	产能/月	瓶颈月订单	是否满足
30	58628.57143	98%	90%	1915	51710	15000	√
节拍计算							

（续）

项目/车型		×××车型		顾客名称		×××汽车公司	
产品名称		组合仪表		产品图号		××××－××××××	
工序号	工序名称	设备/工装	说明	实际工时/s	工时分解	平均工时/s	平衡状态
日需求量		500	节拍时间	107	生产时间是否满足节拍		√
节拍不满足时的对策：							
计算人：			审核：			批准：	

6.5 生产件批准

1. PPAP 简介

PPAP 用来确定供应商是否已经正确理解并满足顾客工程设计记录和规范的所有要求。PPAP 用以检验供应商是否具有量产供货能力，满足顾客质和量的要求，能够持续稳定地按规定的生产节拍为顾客提供合格产品。

生产件批准按 PPAP 实施，对于顾客的特殊要求，根据顾客的特殊要求实施，如德国大众的 PPF、法国标志－雪铁龙的 Q3P 和韩国现代的 ISIR 等。

PPAP 是 IATF 16949 质量管理体系的一部分，属于 AIAG 五大工具之一。IATF 16949 要求，量产前供应商必须进行产品和制造的批准过程（PPAP 为最通用的工具），以获得顾客批准。PPAP 适用于生产件、生产材料、维修零件与散装材料，对于散装材料，PPAP 可不做要求，除非顾客要求。

对于生产件，用于 PPAP 的产品，必须取自有效的生产（Significant Production Run）。该生产过程必须是 1~8h 的量产，且规定的生产数量至少为 300 件连续生产的零件，除非有经授权顾客代表的另行规定。该有效的生产必须在生产现场使用与量产环境同样的工装、量具、过程、材料和操作人员。来自每个生产过程的零件，如可重复的装配线和/或工作站、一模多腔的模具、成型模、工具或模型的每一个位置，都必须进行测量，并对代表性零件进行试验。对于散装材料："零件"没有具体数量的要求。提交的样件必须出自"稳定的"加工过程。

2. PPAP 的提交

供应商必须按照顾客要求的等级，向顾客提交该等级规定的文件和/或记录。

等级 1，只向顾客提交保证书（对指定的外观项目，还应提供一份外观批准报告）。

等级 2，向顾客提交保证书和产品样品及有限的支持数据。

等级 3，向顾客提交保证书和产品样品及完整的支持数据。

等级 4，提交保证书和顾客规定的其他要求。

等级 5，在供应商制造现场保留保证书、产品样品和完整的支持数据，以供评审。

如果顾客负责产品批准的部门没有其他规定，则供应商必须使用等级 3 作为默认等级，进行全部提交。只供应散装材料的供应商必须使用等级 1 作为默认等级，提交 PPAP 文件，除非顾客负责产品批准的部门另有规定。表 6-12 所示为第四版 PPAP 文件提交清单。

表 6-12   第四版 PPAP 文件提交清单

要求		提交等级				
序号	内容	等级 1	等级 2	等级 3	等级 4	等级 5
1	设计记录	R	S	S	*	R
	有专利权的子零件/详细数据	R	R	R	*	R
	所有其他子零件/详细数据	R	S	S	*	R
2	工程变更文件，如果有	R	S	S	*	R
3	顾客工程批准，如果被要求	R	R	S	*	R
4	设计 FMEA	R	R	S	*	R
5	过程流程图	R	R	S	*	R
6	过程 FMEA	R	R	S	*	R
7	控制计划	R	R	S	*	R
8	测量系统分析研究	R	R	S	*	R
9	全尺寸测量结果	R	S	S	*	R
10	材料、性能试验结果	R	S	S	*	R
11	初始过程研究	R	R	S	*	R
12	合格试验文件	R	R	S	*	R
13	外观批准报告（AAR），如果适用	S	S	S	*	R
14	生产件样品	R	S	S	*	R
15	标准样品	R	R	R	*	R
16	检查辅具	R	R	R	*	R
17	符合顾客特殊要求的记录	R	R	S	*	R
18	零件提交保证书（PSW）	S	S	S	S	R
	散装材料检查表	S	S	S	S	R

注：提交等级符号说明如下。

S：组织必须提交给顾客，并在适当的场所保留一份记录或者文件的副本。

R：组织必须在适当场所保存，并在顾客代表有要求时应易于得到。

*：组织必须在适当场所保存，并在有要求时向顾客提交。

3. PPAP 文件

第四版 PPAP 18 个文件（要求）的顺序符合 APQP 开发输出的顺序，PPAP 文件大部分已在 APQP 实施时输出，当顾客有要求时，按顾客要求的样式制作，有时顾客会要求增加文件。PPAP 手册给出了外观批准报告（表 6-13）、零件提交保证书（表 6-14）标准表格，以及尺寸、材料和性能检验试验结果的参考表格。

（1）外观批准报告   外观批准报告见表 6-13。

表 6-13 外观批准报告

零件号：	①	图样编号：	②	适用范围（车型）：	③
零件名称：	④	采购人员代码：	⑤	工程更改等级：	⑥/⑦
组织名称：	⑧	制造厂地址：	⑨		日期：
				供方/供货商代码：	⑩

提交原因： □零件提交保证书 □特殊样品 其他
□纹理加工前 □第一批发运

□再提交
□工程更改

外观批准件报告

组织表面加工信息 ⑫	纹理加工的评价 ⑬	经授权的顾客代表签字和日期
	纠正并继续	
	纠正和再提交	
	准予进行纹理加工	

外观批准件报告

颜色标注	⑭三色数据					⑮标准样品编号	⑯标准样品批准日期	⑰材料类型	⑱材料来源	⑲色彩				⑳色调			㉑色品度		亮度		金属光泽		㉒颜色供货标注	㉓零件处理意见
	DL	Da	Db	DE	CMC					红	黄	绿	蓝	浅	深		灰	清晰	高	低	高	低	高	低		
㉔																										

说明：

组织： ㉕
签字：　　　　　电话：　　　　　日期：

经授权的顾客代表 ㉖
签字：　　　　　　　　　　　　　　日期：

外观批准报告填写指南如下。

① 顾客零件编号：工程部门发行的顾客零件编号。

② 图样编号：如果与零件号不同，应填写绘有该零件的图样号。

③ 适用范围：填入使用该零件的车型年度、车型或其他项目名称。

④ 零件名称：填入零件图样上的零件名称。

⑤ 采购人员代码：填入具体购买此零件的采购人员代码。

⑥ /⑦ E/C 等级和日期：本次提交的过程变更等级和日期。

⑧ 组织名称：负责提交的组织（包括适用的供方）。

⑨ 制造地址：零件制造和装配的地点。

⑩ 供方/供货商代码：顾客为生产或组装零件的组织场地所指定的代码。

⑪ 提交原因：选择合适项目解释本次提交的原因，在相应的方框上画"√"。

⑫ 组织的资源与纹理加工信息：列出所有第一层表面加工工具、磨粒来源、磨粒类型，以及零件纹理和光泽度检查用的标准样品。

⑬ 纹理加工前评价：由经授权的顾客代表完成（通用公司不适用）。

⑭ 颜色标注：填入表示颜色的字母或数字。

⑮ 三色数据：列出提交零件与顾客授权的标准样品相比较的色差（色差计）数字。

⑯ 标准样品编号：填入字母和数字混合式的标准样品识别号（福特公司不适用）。

⑰ 标准样品批准日期：填入标准样品批准日期。

⑱ 材料类型：标明第一层表面处理和底材（如油漆/ABS）。

⑲ 材料来源：标明第一层表面和底材的供方。

⑳ 颜色评价：色彩、色调、色品度、亮度和金属光泽度，由顾客目测。

㉑ 颜色交货标注：彩色零件号标注或色号。

㉒ 零件处理意见：由顾客决定（批准/拒收）。

㉓ 意见：组织或顾客的一般注释。

㉔ 组织签名、电话号码和日期：组织证明文件资料正确，且已满足所有规定的要求。

㉕ 经授权的顾客代表签字和日期：经授权的顾客代表签字批准。

粗线内区域仅供顾客批准使用。

（2）零件提交保证书　零件提交保证书见表 6 - 14。

零件提交保证书的填写指南如下。

● 零件信息

① 零件名称及㉔a顾客零件编号：工程部门签发的最终零件名称和编号。

㉔b 组织的零件编号：若零件编号是由组织制定的。

表 6-14　零件提交保证书

零件名称＿＿＿＿＿＿＿＿＿＿＿＿＿①＿＿＿＿＿＿＿＿＿＿＿＿　零件号＿＿＿＿②a＿＿＿＿＿＿＿

图样编号＿＿＿＿③＿＿＿＿＿＿＿＿＿＿＿＿＿＿＿＿＿＿　组织零件编号＿＿＿②b＿＿＿＿＿＿

工程变更等级＿＿＿＿＿＿＿＿＿＿④＿＿＿＿＿＿＿＿＿＿＿＿　日期＿＿＿＿＿＿＿＿＿＿＿＿＿＿

附加工程变更＿＿＿＿＿＿＿＿＿⑤＿＿＿＿＿＿＿＿＿＿＿＿＿　日期＿＿＿＿＿＿＿＿＿＿＿＿＿＿

安全和/或政府法规　□是　□否⑥　　采购订单编号＿＿＿＿＿＿⑦＿＿＿＿＿　质量＿＿＿＿⑧＿＿＿＿kg

检查辅具编号＿＿＿⑨＿＿＿＿＿检查辅具工程变更等级＿＿＿⑩＿＿＿　日期＿＿＿＿＿＿＿＿＿＿

组织制造厂信息　　　　　　　　　　　提交顾客的信息

＿＿＿＿＿＿⑪＿＿＿＿＿＿　　　＿＿＿＿＿⑬＿＿＿＿＿＿

组织名称和供方/供货商代码　　　　　顾客名称/部门

＿＿＿＿⑫＿＿＿＿　　　　　　　　　＿＿＿＿⑭＿＿＿＿

街道地址　　　　　　　　　　　　　　采购人员名称/采购人员代码＿＿＿⑮＿＿＿＿＿＿＿＿＿＿

城市　　　　地区　　　邮编　　　国家　　　　　　　　适用范围

材料报告

顾客要求的受关注物资信息是否已报告？⑯　□是　□否　□n/a

通过 IMDS 报告或用顾客规定的其他表格报告：＿＿＿＿＿＿＿＿＿＿＿＿＿＿＿＿＿＿＿＿＿＿

＿＿＿＿＿＿＿＿＿＿＿＿＿＿＿＿＿＿＿＿＿＿＿＿＿＿＿

注：注塑件是否已标注相应的 ISO 标注编码。⑰　□是　□否　□n/a

提交原因（至少选一项）⑱

　□首次提交　　　　　　　　　　□改为其他选用的结构或材料

　□工程变更　　　　　　　　　　□供方或材料来源变更

　□工装：转移、更换、整修或添加　□零件加工过程变更

　□偏差校正　　　　　　　　　　□在其他地方生产零件

　□工装停止使用期超过一年　　　□其他——请说明

要求的提交等级（至少选一项）⑲

　□等级 1—只向顾客提交保证书（若指定为外观项目，还应该提交外观批准报告）

　□等级 2—向顾客提交保证书及产品样品以及有限的支持数据

　□等级 3—向顾客提交保证书及产品样品以及全部的支持数据

　□等级 4—保证书以及顾客规定的其他要求

　□等级 5—保证书、产品样品以及全部的支持数据都保留在组织制造现场，供审查时使用

提交结果⑳

结果：　□尺寸测量　□材料和性能试验　□外观准则　□统计过程数据

这些结果满足所有设计记录要求：　□是　□否（如果选择"否"应解释）㉑

成型模/多腔模/生产过程＿＿＿＿＿＿＿＿＿㉒＿＿＿＿＿＿＿＿＿＿

声明

我声明，本次提交所使用的样品是出自我们生产过程的、具有代表性的零件，且已符合生产件批准程序手册第四版的所有要求；我进一步保证这些样品是以㉓件/㉔h 的生产速率制造的。同时我保证所有符合性证明文件都已归档备妥，以供评审，我还说明了任何与此声明有偏差的内容，见下文

解释/说明：＿＿＿＿＿＿＿＿㉕＿＿＿＿＿＿＿

每种顾客的工具是否都已适当地加标签和编号？　□是　□否　□n/a㉖

经授权的组织代表签字＿＿＿＿㉗＿＿＿＿＿＿＿＿＿＿＿　日期＿＿＿＿＿＿＿＿＿＿＿＿＿＿＿＿

印刷体姓名＿＿＿＿＿＿＿＿＿＿＿电话号码＿＿＿＿＿＿＿＿＿＿＿＿传真号码＿＿＿＿＿＿＿＿＿

职务＿＿＿＿＿＿＿＿＿＿＿＿＿＿＿＿E-mail＿＿＿＿＿＿＿＿＿＿＿＿＿＿＿＿＿＿＿＿＿＿＿

仅供顾客使用（若适用）

PPAP 保证书处理意见：　□批准　□拒收　□其他

顾客签字＿＿＿＿＿＿＿＿＿＿＿＿＿＿＿＿＿　日期＿＿＿＿＿＿＿＿＿＿＿＿＿＿＿＿＿＿＿＿

印刷体姓名＿＿＿＿＿＿＿＿＿＿＿＿＿＿＿＿顾客跟踪编号（可选项）：＿＿＿＿＿＿＿＿＿＿＿＿

③ 所示图样编号：规定提交的顾客零件编号的设计记录。

④ 工程图样变更等级和批准日期：说明变更的版本和提交日期。

⑤ 附加的工程变更和日期：列出所有没有纳入设计记录的，但已在该零件上体现并已批准的工程变更。

⑥ 安全和/或政府法规：如设计记录注明为安全和/或政府法规项的，则选择"是"，反之选"否"。

⑦ 采购订单编号：依据合同/采购订单填入本编号。

⑧ 零件质量：填入用千克（kg）表示的零件实际质量，精确到小数点后四位（0.0000），除非顾客另行规定。零件质量不可以包括运输时的保护装置、配备辅具或包装材料。为了确定零件质量，组织必须随机选择 10 个零件分别称重，然后计算并报告平均质量。用于实际生产的每个多模腔、工装、生产线或过程都必须至少选取一个零件进行称重。

⑨/⑩ 检查辅具编号、变更等级和日期：如顾客有要求，填入检具编号、变更等级和日期。

- **组织制造厂信息**

⑪ 组织名称和供方/供货商代码：按采购订单或合同上规定制造厂的名称和代码填写。

⑫ 街道、地区、邮编、国家：填入零件生产地完整的地址。"地区"填州、省、县等。

- **提交顾客的信息**

⑬ 顾客名称/部门：填入公司名称和部门或组织名称。

⑭ 采购人员姓名/代码：填入采购人员姓名和代码。

⑮ 适用范围：填入年型、车辆名称或发动机、变速器等。

- **材料报告**

⑯ 受关注物质的信息：填入"是""否"或"n/a"。

IMDS/顾客的其他表格：圈出"IMDS"，或"顾客的其他表格"。如果是通过 IMDS 提交的，需填写模块号、版本号和创建日期。如果是用顾客规定的其他表格提交的，填入顾客签收日期。

⑰ 聚合物标示：填入"是""否"或"n/a"。

- **提交原因**

⑱ 选择合适的项目。对于散装材料，除了要选合适的项目，还要选"其他"栏，并在空格处填上"散装材料"。

- **提交等级**

⑲ 提交等级：标明由顾客要求的提交等级。

- **提交结果**

⑳ 选择合适的项目，并在相应的方框上画"√"，包括尺寸、材料试验、性能试验、外观评价和统计数据。

㉑ 选择合适的项目，并在相应的方框上画"√"。如果是"否"，应在下面"说明"栏中进行解释。

㉒ 成型模/多腔模/生产过程：如果生产零件是采用一个以上的多模腔、成型模、工具、冲模或样板模型，或采用如生产线或生产单元之类的生产过程加工出来的，则组织必须对来自每一处（每个型腔、每个模具等）的每一个零件进行全尺寸测量评价。这时，必须在这一栏中填上特定的成型模、多腔模和生产线等。

- **声明**

㉓ 填入有效生产过程产出的零件数量。

㉔ 填入该有效生产过程运行的时间（以 h 为单位）。

㉕ 解释/说明：填写任何和提交结果有关的解释内容或任何有违声明的事项，可加附页说明详细内容。

㉖ 顾客工具的标示和编号：顾客所属的工具是否根据 IATF 16949 的要求或顾客特殊要求进行了标示，回答"是"或"否"。这一条可能不适用于 OEM 的内部供方。

㉗ 经授权的组织代表签名：组织责任人在确认所有结果都符合顾客要求并且所有相关文件都备妥后，必须在声明上签字，并填上自己的职务、电话号码、传真号码和 E-mail 地址。

- **仅供顾客使用**

此栏供顾客批准使用，供应商不填。

4. PPAP 批准状态的处理

PPAP 的顾客批准状态有完全批准、临时批准和拒收三种。

1）完全批准是指产品满足顾客的所有技术规范和要求。供应商可以按顾客订货计划按量发运产品。

2）临时批准是允许在限定时间或产品数量发运生产需要的产品。供应商只有在下列情况，才给予临时批准：

①已明确了影响生产批准不合格的根本原因。

②已准备了一份顾客同意的临时批准纠正措施计划。要获得"完全批准"需再次提交 PPAP。

获得临时批准的产品，仍不符合纠正措施计划时，限定时间或数量仍拒收。如果没有同意延长临时批准，则不允许再次发运。

对于散装材料，供应商必须使用"散装材料临时批准"表格或其他等效表格。

3）拒收是指从生产批次中选取的用于提交的样品和文件不符合顾客要求。供应商必须更改的产品和文件，重新提交。量产前 PPAP 必须获得批准。

PPAP 批准状态处理流程如图 6‑5 所示。

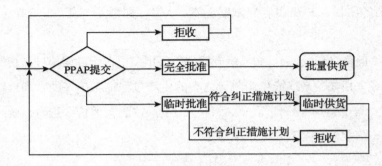

图 6‑5   PPAP 批准状态处理流程

5. PPAP 要求的几点说明

① PPAP 的检验和试验必须在按顾客要求定义的合格的实验室内完成。

② 供应商必须提供每个独立加工过程的产品尺寸结果。

③ 供应商必须在 PSW 上记录产品质量，顾客有特殊要求时一律用千克（kg）表示，并精确到小数点后四位（0.0000）。供应商必须随机选择 10 个产品分别称重，然后计算并报告平均质量，并且用于生产实现的每个型腔、模具、生产线或过程都必须至少选取一个产品进行称重。散装件质量不适用。

④ 如果在设计记录上有产品外观要求，则必须提交该产品的外观批准报告。

⑤ 第四版增加了零件材质报告，该材质报告可使用国际材料数据库系统（IMDS）完成。目前国内大部分厂家采用中国汽车材料数据系统（CAMDS）。

⑥ 当塑料件质量至少 100g、合成橡胶件质量至少 200g 时，组织必须按 ISO 要求标注聚合物。

⑦ 无论哪种提交等级，生产件批准的文件/记录保存的时间是产品在用时间再加一个日历年。

⑧ 任何有计划的有关零件设计和/或制造过程设计的变更，组织都必须通知经授权的顾客代表，经授权的顾客代表接到通知并批准所建议的更改时，以及变更实施后，都要重新提交 PPAP，除非顾客另行规定。

PPAP 文件作为供应商对顾客的质量保证，等同于质量保证协议的效力；PPAP 也是供应商量产前对开发结果和量产能力进行自查非常有效的手段。对于散装材料、轮胎和货车工业的特殊要求，PPAP 手册给出了具体要求，详细信息参考克莱斯勒、福特和通用汽车公司的 PPAP 参考手册。

6.6　生产确认试验

生产确认试验是指确认由正式生产工装和过程制造出来的产品是否满足工程标准的工程试验，包括外观的确认。

试生产制造的产品，需要进行外观、尺寸和性能试验，确认产品是否符合要求。表 6-15～表 6-17 分别为尺寸、材料和性能检测的报告示例。

表 6-15　尺寸测量报告示例

文件编号：QT×××××-×××

零件名称			零件编号						
供方名称			工程更改编号						
试验机构名称			试验日期						
序号	要求/规范	测量数量	测量结果（数据）					结论	
			1	2	3	4	5	合格	不合格
备注：									
编制： 日期：					审核： 日期：				

表 6 - 16   材料试验报告示例

文件编号：QT×××××－×××

零件名称			零件编号		
供方名称			工程更改编号		
材料名称			材料牌号/规格		
试验机构名称			试验日期		
序号	要求/规范	方法/标准	试验数量	试验结果（数据）	结论
					合格	不合格

备注：

编制： 日期：	审核： 日期：

表 6－17　性能试验报告示例

文件编号：QT×××××－×××

零件名称				零件编号			
供方名称				工程更改编号			
试验机构名称				试验日期			
序号	要求/规范	方法/标准	试验数量	试验结果（数据）		结论	
						合格	不合格
备注：							
编制： 日期：				审核： 日期：			

6.7 包装评价

进行试装运及相关试验，评价产品在正常运输中是否免受损伤和在不利环境中受到保护，顾客规定的包装多功能小组也要对包装效果进行评价。

组织应根据零部件产品的具体特性、重要程度和是否易损等原则，遵循国家对危险品零件和包装的有关标准和要求，进行相关包装评价与测试，以验证包装方式是否合理，保证运输和使用过程中零部件的安全可靠性。

用于包装评价与测试的包装样品及包装物均选用正式的与量产一致的样品，不宜使用模拟物替代。测试前样品及包装物应该经过检查完好，按包装作业指导书进行包装操作，达到满箱包装的实际发运状态。

包装评价的方式有实验室试验、实际路况测试以及实物包装发运验证等。包装评价与测试的方式选择依据零件的特性、包装物的类型和顾客的要求来确定，测试方法遵循相关国家标准。

表 6-18 所示为实物发运验证方式的包装评价示例，表 6-19 所示为纸箱类包装实验室试验报告的示例。

表 6-18　实物发运验证方式的包装评价示例

文件编号：QT××××× - ×××

产品名称		产品图号	
顾客名称		评价日期	
装箱数量		评价数量	
单品质量		包装质量	
包装方式	□ 纸箱　□ 纸塑箱　□ 周转箱　□ 薄模封装　□ 其他_____		
防护手段	□ 护圈　□ 纸板　□ 海绵　□ 木板　□ 碎绵　□ 其他_____		
叠放高度	□ 五层　□ 六层　□ ≤1.2m　□ ≤1.5m　□ ≤1.8m		
栈板规格	□ 木栈板　□ 塑料栈板　□ 铁栈板		
运输方式	□ 空运　□ 火车　□ 汽车　□ 船运　□ 集装箱		
物流方式	□ 顾客自提　□ 送货上门　□ 专线物流　□ 快递		
所需时间	天　　　　　　　　　　　　　　h		
运输目的地			

（续）

产品名称		产品图号	
顾客名称		评价日期	
装箱数量		评价数量	
单品重量		包装重量	
运输里程		km	

评价结果（模拟运输过程）		评价描述（照片）
包装是否破损	□ 是　　□ 否	
包装是否变形	□ 是　　□ 否	
包装标识是否清晰	□ 是　　□ 否	
产品是否损坏	□ 是　　□ 否	
防护是否有效	□ 是　　□ 否	
产品是否散落	□ 是　　□ 否	

评价结论		改进项目
此产品包装方式	□ 可以投入使用	
	□ 不可投入使用	
	□ 需改进后使用	
评审小组会签		

表 6 - 19　纸箱类包装实验室试验报告示例

文件编号：QT×××××-×××

产品名称		产品图号	
包装物类型		包装物尺寸	
包装数量		质量(包装物＋零件)	
其他说明			

1. 静载堆码试验

试验设备	水泥平台	试验依据	GB/T 4857.3—2008
项目	标准值	试验结果	
堆码时间/高度	1d/6 层		
试验结论		照片	

2. 跌落试验

试验设备	单翼跌落试验机	试验依据	GB/T 4857.5—1992
项目	跌落位置	试验结果	
跌落（高度 100mm）	2－3b		
	3－4b		
	3－5b		
	3－6b		
试验结论		照片	

3. 振动试验

试验设备	模拟汽车运输试验台	试验依据	GB/T 4857.7—2005
项目	标准值	试验结果	
振动时间	20min		
试验结论		照片	

4. 冲击试验

试验设备	冲击试验台	试验依据	GB/T 4857.11—2005
项目	冲击面（各 1 次）	试验结果	
水平冲击（速度 1.5m/s）	2a		
	4a		
	5a		
	6a		
试验结论		照片	

6.8　生产控制计划

生产控制计划是对零件和过程进行控制的系统的书面描述，是在正式生产中对产品/过程特性、过程控制、试验和测量系统的全面文件化的描述。

试生产结束，试生产控制计划转化为生产控制计划，生产控制计划是试生产控制计划的逻辑扩展，与试生产控制计划相比，主要在检验频次和控制方法上不同。检测频率和容量一般为抽样，全尺寸和性能检测一般规定为每年至少一次和一件。

生产控制计划是一个动态文件，应根据实际生产零件的经验来更新，以反映控制计划内容的增加、删减或修改。大批量生产为生产者提供评价输出、评审控制计划并做出适当更改的机会。当以下情况发生变更时需修订控制计划：

① 设计变更（包括尺寸、材料和性能要求等）。

② PFMEA 发生变更。

③ 顾客要求的改进或企业内部持续改进变更。

④ 产品或工艺出现问题后的更改或改进。

⑤ 新的工艺和设备的利用。

控制计划在变更时，也必须由多方论证小组对变更内容进行评审确认，认可后方可发放给相关部门。如果顾客有要求，控制计划的变更要得到顾客的承认批准。

控制计划是 APQP 最重要的输出文件之一、企业知识积累重要的来源，也是内审、二方和三方进行过程审核的依据。表 6-20 所示为生产控制计划示例。

表6-20　生产控制计划示例

文件编号：QT×××××－×××

□样件　□试生产　■生产	主要联系人／电话：陈××／1350000000	编制日期：2017年××月××日	修订日期：
控制计划编号：001	核心小组：见附件列表	顾客工程批准／日期（如需要）：	
零件图号／最新更改等级：12345—67890	供方批准／日期：	顾客质量批准／日期（如需要）：	
零件名称／描述：法兰盘	其他批准／日期（如需要）：	其他批准／日期（如需要）：	
供应商代码／名称：×××汽车部件公司／0123			

过程编号	过程名称／操作描述	机器、装置、夹具工装	特性			特殊特性分类	产品／过程规范／公差	方法				反应计划
			编号	产品	过程			评估／测量技术	样本容量	频率	控制方法	
					用料量		(1000±10)g	电子称	100%	全部	用料记录	隔离／标识／调整用量
			41		温度	B	(150±10)℃	计算机控制	1件	1次/2h	监控记录	调整工艺参数并检查
040	压铸	压力机1-02 模具YZ-213号	42		压力	B	(13±1)MPa	计算机控制	1件	1次/2h	监控记录	调整工艺参数并检查
					时间		(13±1)min	计算机控制	1件	1次/2h	检验记录	调整工艺参数并检查
				外观			表面光滑，无裂痕缺损	目测	100%	连续	检验记录	隔离／标识／调整设备
			43	尺寸		B	(40±0.5)mm	卡尺：0~300mm/0.02mm	各3件	首中终	$\overline{X}$-R控制图	隔离／标识／调整设备
			44	尺寸		B	(275±0.5)mm	卡尺：0~300mm/0.02mm	各3件	首中终	检验记录	隔离／标识／调整设备

6.9　质量策划认定和管理者支持

项目至此表明适当的 APQP 活动已经完成，多功能小组总结项目经验，完成质量策划的认定，收集各种项目文件、资料，整理归档，为公司积累项目的知识和经验，为以后类似的项目开发提供重要信息。

6.9.1　质量策划认定

多功能小组应在制造现场对 APQP 工作进行评审并做出正式认定。认定工作应在首次产品发运前进行，并进行以下事项的评审：

① 过程流程图：验证过程流程图是否存在并被遵循。

② 控制计划：对于所有受影响的操作，任何时候都应具备可供使用的控制计划。

③ 过程说明书：验证这些文件是否包含了在控制计划中规定的所有特殊特性，是否强调了所有的 PFMEA 的建议。将过程说明书和过程流程图与控制计划进行比较，验证它们的一致性。

④ 监控和测量装置：根据控制计划的规定，当需要特殊的量具、夹具或试验设备时，要对量具的重复性和再现性（即量具的双性 GRR）以及正确的使用方法进行验证。

⑤ 所需的能力：证实生产过程、设备和人员的能力。

对于未定事项，为跟踪进展情况，需要制订一个措施计划。表 6 - 21 所示的产品质量策划总结和认定报告是有效的质量策划认定文件示例。

产品质量策划总结和认定报告填写指南如下。

① 在"要求"一栏中，对每一个项目要指明所要求的特性编号。

在"接受"一栏中，对每一项目要指明按克莱斯勒、福特和通用汽车公司 PPAP 手册或顾客要求接受的数量。

在"未定"一栏中，对每一项目要指明没有接受的数量，对每一项目附上措施计划。

② 在是或否上画圈，以指明控制计划是否已被顾客批准（如果必要），如果是，指明批准日期；如果否，则附上措施计划。

③ 在"样品"一栏中，指明对每一项目的检测样数。

在"样品特性"一栏中，要指明每一类别的每一样品的被检测特性数。

在"接受"一栏中，对每一项目都要指明所有样品被接受的特性数量。

在"未定"一栏中，对每一项目都要指明没有接受的特性数量，附上每一项目的措施计划。

表 6 – 21   产品质量策划总结和认定报告示例

日　　　期：＿＿＿＿＿＿＿＿＿

产品名称：＿＿＿＿＿＿＿＿＿　　　　　　零件号/修订：＿＿＿＿＿＿＿＿

顾　　　客：＿＿＿＿＿＿＿＿＿　　　　　　制　造　厂：＿＿＿＿＿＿＿＿

① 初始过程能力研究

数　量		
要求	可接受	未定 *

P_{pk}——特殊特性

② 控制计划批准（如要求）　　　　　　被批准：是/否 *　　批准日期：＿＿＿＿＿＿

③ 初始生产样品特性类别

数　量			
样品	每一样品的特性	可接受	未定 *
尺寸			
外观			
实验室			
性能			

④ 量具和试验装置
　　测量系统分析
　　　　特殊特性

数　量		
要求	可接受	未定 *

⑤ 过程监视
　　过程监视指导
　　过程单
　　目视辅具

数　量		
要求	可接受	未定 *

⑥ 包装/发运
　　包装批准
　　装运试验

数　量		
要求	可接受	未定 *

⑦ 认定

＿＿＿＿＿＿＿＿＿＿＿＿＿　　　　　　＿＿＿＿＿＿＿＿＿＿＿＿＿
　小组成员/职务/日期　　　　　　　　　　　　　小组成员/职务/日期

＿＿＿＿＿＿＿＿＿＿＿＿＿　　　　　　＿＿＿＿＿＿＿＿＿＿＿＿＿
　小组成员/职务/日期　　　　　　　　　　　　　小组成员/职务/日期

＿＿＿＿＿＿＿＿＿＿＿＿＿　　　　　　＿＿＿＿＿＿＿＿＿＿＿＿＿
　小组成员/职务/日期　　　　　　　　　　　　　小组成员/职务/日期

注：* 为跟踪进展情况，需要制订一个措施计划。

④在"要求"一栏中，对每一个项目要指明所要求的特性编号。

在"接受"一栏中，对每一项目都要指明克莱斯勒、福特和通用汽车公司 MSA 参考手册所接受的数量。

在"未定"一栏中，对每一项目都要指明未接受的项目，并对每一项目附上措施计划。

⑤在"要求"一栏中，对每一项目指明所要求的数量。

在"接受"一栏中，对每一项目指明被接受的数量。

在"未定"一栏中，对每一项目指明未被接受的数量，对每一项目附上措施计划。

⑥在"要求"一栏中，对每一项目指明是或否，以明确该项目是否需要。

在"接受"一栏中，对每一项目指明是或否，以明确接受与否。

在"未定"一栏中，如果"接受"一栏中的答案为否定，则附上措施计划。

⑦每一名小组成员应在表格上签名并注明职务和签名日期。

6.9.2　管理者支持

在产品质量策划认定完成以后，将认定结果报告给管理层，并邀请管理层参与评审，以便将项目状态传递给管理者，并就未决事项得到他们的承诺与支持。

项目产品和过程确认结束时邀请管理者参与项目认定会议是必要的，多功能小组将项目完成情况和未决事项报告给管理者，以取得管理者的支持，使项目达标或项目尽早关闭。会议记录及项目产品和过程确认评审报告参考表 3 - 19 和表 3 - 20 的示例，项目阶段里程碑检查可参考表 6 - 22 的示例。

第 4 阶段结束即可移交批量生产，同时将 APQP 输出文件和记录整理存档，以供评审和组织知识经验的积累。这些文件和资料将用于新的项目借鉴，并将作为过程控制与改进的依据。

表 6 - 22　项目里程碑检查表 4

文件编号：QT×××××-×××

项目/车型：××× 车型		项目编号：×××××		检查日期：201×年××月××日	
项目经理：李××		检查人员：			
里程碑：产品和过程的确认					
序号	检查点	是	否	完成程度/说明	
1	是否所有在风险分析中确定的高风险项目均已得到解决？				
2	是否所有计划的测量系统分析均已完成，且结果可以接受，或对不可接受的结果确定了措施？				
3	是否按用户要求的批量和时间进行了试生产？				
4	初始过程能力研究是否已完成，且结果可以接受？				
5	生产能力是否已经验证，结果符合计划的目标？				

（续）

序号	检查点	是	否	完成程度/说明
6	是否能够确认已经在控制计划、操作指导书和检验指导书中规定的控制措施是有效的？			
7	是否所有计划的试验均已完成，且结果符合计划的目标？			
8	是否已对计划的包装方案进行了验证与评价，且结果可以接受？			
9	是否已按用户的要求提交了首批样件，并在提交之前进行了需要的检验/试验，且结果满足要求？			
10	是否按用户的批量生产认可要求提交了 PPAP 文件？			
11	是否遗留的问题均已汇总，并已确定了应对措施？			
12	项目目标是否已经达到？			
13	项目文件是否已经归档？			

备注：

结果：是否
给予认可　■　　　□
有条件认可 □　　　□

不予认可　　　□　　　　□

说明（当结果为有条件认可或不予认可时需填写）：

项目组成员签字：

高层管理者意见：

第 7 章

反馈、评定和纠正措施

反馈、评定和纠正措施致力于减少变差并持续改进。APQP 第 4 个阶段结束，项目即可移交生产，但质量策划不因产品和过程的确认、产品量产而终止。在量产阶段，生产控制计划是评价产品和服务的基础和依据，必须对计量型和计数型的数据进行评价，采取克莱斯勒、福特和通用汽车公司的基础 SPC 手册中控制图或其他统计技术，识别过程变差，当出现特殊原因和普通原因变差时，可评价输出，分析原因并采取措施，以减少变差。

这一阶段组织应对质量策划工作进行有效性评价，输出必须满足顾客的所有要求，积极不断地改善产品缺陷，改进交付和服务，以提高顾客满意度。

反馈、评定和纠正措施贯穿 APQP 的全过程，在 APQP 的任何阶段发生需要解决的问题时，可根据此阶段的方法，根据反馈予以纠正解决，并从中吸取教训、积累知识，应用到下一个项目，如图 7 - 1 所示。

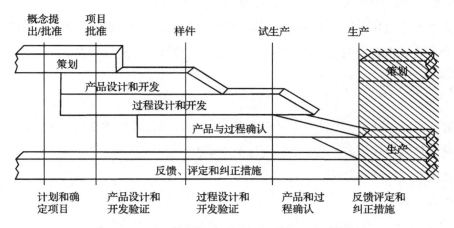

图 7 - 1　APQP 反馈、评定和纠正措施阶段示意图

7.1　减少变差

控制图和其他统计技术应该作为识别过程变差的工具。分析和纠正措施应该用来减少变差。要做到持续地改进不仅需要注意变差的特殊原因，还要了解其普通原因并寻找减少这些变差来源的途径。应为顾客评审提出包括成本、时间进度和预期改进在内的建议，以持续地提高顾客满意度。

通常减少或消除普通原因可降低成本。组织应使用工具积极地提出基于价值分析、减少变差等的建议，以提高质量和降低成本。对于长期能力、变差的特殊与普通原因的详细资料参见克莱斯勒、福特和通用汽车公司的基础 SPC 参考手册。

控制图也称为质量管理图、质量评估图，是根据统计原因分析和判断工序是否稳定、带有控制限的一种质量管理图表。控制图用来监控制造过程，发现不符合的普通原因和特殊原因的变差。原控制图分为计量型控制图和计数型控制图，计量型控制图包括：

① $\bar{X}\text{-}R$ 图（均值-极差图）。

② $\bar{X}\text{-}S$ 图（均值-标准差图）。

③ $X\text{-}MR$ 图（单值-移动极差图）。

④ $\tilde{X}\text{-}R$ 图（中位数图）。

计数型控制图包括：

① P 图（不合格品率图）。

② np 图（不合格品数图）。

③ c 图（不合格数图）。

④ u 图（单位产品不合格数图）。

计量型控制图最常用的为均值-极差图，计数型控制图最常用的是不合格品率图。由于控制图使用的数据是基于测量的，所以测量系统必须是合格的。

详细信息参考克莱斯勒、福特和通用汽车公司的基础 SPC 参考手册。控制图推荐使用 Minitab 等兼顾强大的数据处理能力和专业性的计算机统计软件进行绘制。

7.1.1　均值极差图

均值极差图即 $\bar{X}\text{-}R$ 图，$\bar{X}$ 是一个子组的算术均值，是对过程均值的测量；R 是每个子组的极差（最大值减去最小值），是对过程变差的测量。

均值极差图相关计算公式如下：

子组均值：

$$\bar{X} = \frac{x_1 + x_2 + \cdots + x_n}{n}$$

式中　n——子组的样本容量。

子组极差：

$$R = x_{最大} - x_{最小}（每一个子组内的测量值）$$

总均值：

$$\overline{\overline{X}} = \frac{\overline{X}_1 + \overline{X}_2 + \cdots + \overline{X}_k}{k}$$

式中　k——用于确定总均值和极差均值的子组数量平均值。

平均极差：

$$\overline{R} = \frac{R_1 + R_2 + \cdots R_k}{k}$$

中心线　　　　　　　　　控制限

$CL_{\overline{X}} = \overline{\overline{X}}$　　　　　$UCL_{\overline{X}} = \overline{\overline{X}} + A_2\overline{R}$　　　　　$LCL_{\overline{X}} = \overline{\overline{X}} - A_2\overline{R}$

$CL_R = \overline{R}$　　　　　$UCL_R = D_4\overline{R}$　　　　　$LCL_R = D_3\overline{R}$

公式中的统计常数参考附录 C。

用于计算均值极差图的数据，可同时计算出过程能力指数，对照分析过程的受控状态与能力。表 6-10 所示为均值极差图与过程能力计算的一个例子，图 7-2 所示为使用 Minitab 软件绘制的均值极差控制图。判断受控状态的规则参考"6.3 初始过程能力研究"章节的内容。

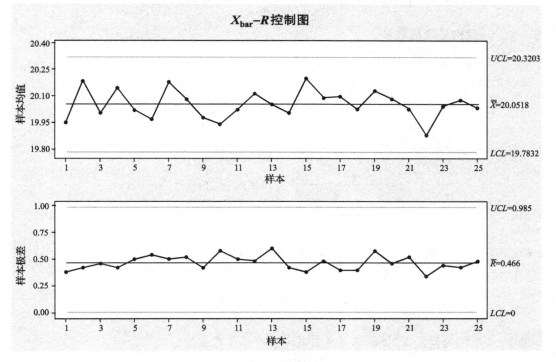

图 7-2　均值极差控制图

7.1.2　不合格品率图

如果可行，尽量首选计量型控制图。在同样工作量的情况下，计量型数据比计数型数据能够提供更多有用的信息。相比计量型数据，计数型数据需要抽取的样本容量一般比较大，才会有同样置信度的结果。

不合格品率图是对产品不合格品率监控时用的一种计数型控制图。它主要用来监控生产过程中的不合格品率是否稳定在某一水平上，通过对产品不合格品率变化的监测，来控制产品的质量。计数型控制图只需要控制一个参数，所以只有一张图，这一点与计量型控制图有所不同。

不合格品率图除可用于控制不合格品率外，也可用于控制合格率、缺勤率、出勤率和材料利用率等。

不合格品率图的控制限和计量型控制图的控制限也有明显不同。计量型控制图的控制限是一条直线，而不合格品率图的控制限蜿蜒曲折，像一条长城，这主要是因为在不合格品率图中各样本子组的样本数量不同。

不合格品率图相关计算公式如下：

单值

$$p_i = \frac{np_i}{n_i}$$

式中　n_i——被检零件的数量。

　　　np_i——发现不合格品的数量。

单值的均值

$$\bar{p} = \frac{np_1 + np_2 + \cdots + np_k}{n_1 + n_2 + \cdots + n_k}$$

式中　k——子组的数量。

$$\bar{p} = \frac{p_1 + p_2 + \cdots + p_k}{k} \quad (\text{如果所有的 } n_i \text{ 相等})$$

中心线　　　　　　　　　　**控制限**

$$CL_p = \bar{p} \qquad\qquad UCL_{pi} = \bar{p} + 3\frac{\sqrt{\bar{p}(1-\bar{p})}}{\sqrt{n_i}}$$

$$LCL_{pi} = \bar{p} - 3\frac{\sqrt{\bar{p}(1-\bar{p})}}{\sqrt{n_i}}$$

图 7-3 所示为使用 Minitab 软件绘制的不合格品率控制图。

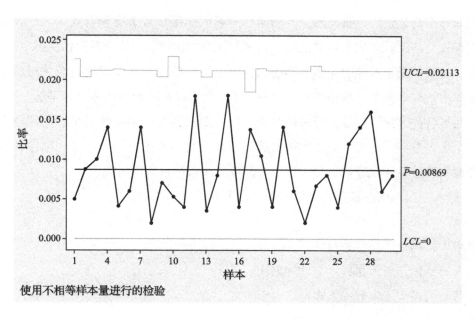

图 7-3　不合格品率控制图

7.2　增进顾客满意

产品或服务的详细的 APQP 活动和过程能力是保证顾客满意的重要部分。但是，产品或服务最终必须在顾客环境中使用或完成。产品的使用阶段需要组织的参与，通过产品的实际使用或运行，对产品质量策划工作的有效性进行评价；对发现的问题和缺陷，组织和顾客目标一致地进行合作，有必要时，组织选派有能力的人员进驻顾客现场，以快速地做出必要的改善和纠正，提高顾客满意度。

对重大、批量质量问题或重复发生的问题可启动 8D 或其他质量问题解决方法。8D 即解决问题的 8 步法，是一种品质改进的工具，主要用于汽车及类似的加工行业的品质问题解决。8D 的 8 个步骤是：成立改善小组、问题描述、实施和确认临时措施、确定并验证根本原因、选择和验证永久纠正措施、实施永久纠正措施、预防再发生和小组祝贺。

7.3　增进交付和服务

在质量策划的交付和服务阶段，组织和顾客要继续进行合作，以解决问题并进行持续改进。对于顾客的更换零件和服务作业也同样要达到质量、成本和交付的要求。目标是首次质量就要满足，但如果现场发生产品缺陷或质量问题，组织和顾客应形成一个有效的合作伙伴关系，以便及时纠正问题，以满足最终用户的要求。

组织和顾客的合作对分析与解决现场问题所起的作用非常重要和有效。对于解决发生在最终使用者现场的问题，通过双方活动、资源及信息的协调，可有效解决该问题。

在这一阶段所获取的经验为顾客和组织提供了所需的知识来建议通过减化过程、降低库存和质量成本达到降低产品价格的目的，并为下一个产品提供合理的零件或系统。

组织通过各种方法和途径进行持续改进，以不断提高顾客满意度和组织的竞争力。组织应营造一个全员参与、全面发掘、积极实施、有效激励的改进氛围和环境，以保证改进活动持续有效地实施。持续改进可以从过程、产品以及质量体系方面考虑。

1）产品实现过程的改进可考虑但不限于以下方面。

a. 人员

加强培训，以提高操作的熟练程度。

优化人员结构，使人尽其才，才尽其用。

提高劳动利用率，实行一人多岗、一专多能。

b. 设备

减少模具更换、机器调整等准备和停机时间。

有效实施预测性和预防性维修维护。

c. 材料

减少材料库存。

降低采购成本。

加强供应商管理，以不断提高材料质量。

d. 方法

增加防错设施。

消除返工等无效劳动。

平衡生产计划。

优化加工方法，简化流程。

e. 环境

优化工厂布局，减少等待时间。

优化仓库，做好先入先出，降低库存。

f. 检测

开发自动检测装置。

改善检测方法。

2）产品的改进可从产品结构优化、产品防错特征、产品材料和可靠性等方面考虑。

3）质量管理体系的改进主要考虑质量方针、质量目标、组织结构、资源配备、绩效、知识和过程等方面。

7.4 习得经验/最佳实践的有效利用

一个习得经验和最佳实践的组合对获得、保存和运用知识是有益的。习得经验和最佳实践可通过各种方法得到，其中包括：

① 评审运行状况良好/运行状况不良（TGR/TGW）。

② 保修数据和其他性能指标。

③ 纠正措施计划。

④ 类似产品和过程的"交叉参照"。

⑤ DFMEA 和 PFMEA 的研究。

通过项目的实施，组织将从中得到经验、教训，获得知识。这些知识可用于新项目的借鉴、员工的学习和交流，对避免失效的重复出现、降低开发风险、节约开发成本、提高开发效率是非常有益的。

通过 APQP 的实施，输出的 APQP 文件和记录对于组织知识的积累具有很重要的价值和意义，为项目实现和有效的过程控制与改进提供足够的依据，还为组织保留了历史经验数据。

附录 A IATF 16949 术语

1. 配件（Accessory Part）

配件是指在交付给最终顾客之前（或之后），与车辆或动力总成以机械或电子方式相连的顾客指定的附加部件（如定制地垫、车厢衬、轮罩、音响系统加强件、天窗、尾翼和增压器等）。

2. 产品质量先期策划（APQP）

产品质量先期策划是指对开发某一满足顾客要求的产品或服务提供支持的产品质量策划过程；APQP 对开发过程具有指导意义，并且是组织与其顾客之间共享结果的标准方式；APQP 涵盖的项目包括设计稳健性、设计试验和规范符合性、生产过程设计、质量检验标准、过程能力、生产能力、产品包装、产品试验和操作员培训计划等。

3. 售后市场零件（Aftermarket Part）

售后市场零件是指并非由 OEM 为服务件应用而采购或放行的替换零件，可能按照或未按照原始设备规范进行生产。

4. 授权（Authorization）

授权是指对某（些）人的成文许可，规定了其在组织内部授予或拒绝权限或制裁有关的权利和责任。

5. 挑战（原版）件 [Challenge（master）Part]

挑战（原版）件是指具有已知规范，经校准并且可追溯到标准的零件，其预期结果（通过或不通过）用于确认防错装置或检具（如通/止规）的功能性。

6. 控制计划（Control Plan）

控制计划是指对控制产品制造所要求的系统和过程的文件化描述。

7. 顾客要求（Customer Requirements）

顾客要求是指顾客规定的一切要求（如技术、商业、产品及制造过程相关要求，一般条款与条件，顾客特定要求等）。

8. 顾客特定要求（Customer-Specific Requirements，CSR）

顾客特定要求是指对本汽车 QMS 标准特定条款的解释或与该条款有关的补充要求。

9. 装配的设计（DFA）

装配的设计是指出于便于装配的考虑设计产品的过程（如若产品含有较少零件，产品的装配时间则较短，从而减少装配成本）。

10. 制造的设计（DFM）

制造的设计是指产品设计和过程策划的整合，用于设计出可简单经济地制造的产品。

11. 制造和装配的设计（DFMA）

制造和装配的设计是指两种方法的结合：制造的设计（DFM）为更易生产、更高产量及改进的质量的优化设计过程，装配的设计（DFA）为减少出错风险、降低成本并更易装配的设计优化。

12. 六西格玛设计（DFSS）

六西格玛设计是指系统化的方法、工具和技术，旨在稳健设计满足顾客期望并且能够在六西格玛质量水平生产的产品或过程。

13. 具有设计责任的组织（Design Responsible Organization）

具有设计责任的组织是指有权制定新的产品规范，或对现有的产品规范进行更改的组织。

注：本责任包括在顾客规定的应用范围内，对设计性能的试验和验证。

14. 防错（Error Proofing）

防错是指为防止制造不合格产品而进行的产品和制造过程的设计及开发。

15. 升级过程（Escalation Process）

升级过程是指用于在组织内部强调或触发特定问题的过程，以便适当人员可对这些情况做出响应并监控其解决。

16. 故障树分析法（FTA）

故障树分析法是指分析系统非理想状态的演绎故障分析法；通过创建整个系统的逻辑框图，故障树分析法显示出各故障、子系统及冗余设计要素之间的关系。

17. 实验室（Laboratory）

实验室是指进行检验、试验或校准的设施，其范围包括但不限于化学、金相、尺寸、物理、电性能或可靠性试验。

18. 实验室范围（Laboratory Scope）

包含下列受控文件：

① 实验室有资格进行的特定试验、评价或校准。

② 用来进行上述活动设备的清单。

③ 用来进行上述活动方法和标准的清单。

19. 制造（Manufacturing）

制作或加工的过程如下：

① 生产原材料。

② 生产件或维修件。

③ 装配。

④ 热处理、焊接、涂装、电镀或其他表面处理服务。

20. 制造可行性（Manufacturing Feasibility）

制造可行性是指对拟建项目的分析和评价，以确定该项目是否在技术上是可行的，能够制造出符合顾客要求的产品。这包括但不限于以下方面（如适用）：在预计成本范围内是否有必要的资源、设施、工装、产能、软件及具有所需技能的人员，包括支持功能或者计划是可用的。

21. 制造服务（Manufacturing Services）

制造服务是指试验、制造、分销部件和组件并为其提供维修服务的公司。

22. 多方论证方法（Multi-disciplinary Approach）

多方论证方法是指从可能会影响一个团队如何管理过程的所有相关方获取输入信息的方法，团队成员包括来自组织的人员，也可能包括顾客代表和供应商代表；团队成员可能来自组织内部或外部；若情况许可，可采用现有团队或特设团队；对团队的输入可能同时包含组织输入和顾客输入。

23. 未发现故障（NTF）

未发现故障是指表示针对服务期间被替换的零件，经车辆或零件制造商分析，满足"良品件"的全部要求（也称为"未发现错误"或"故障未发现"）。

24. 外包过程（Outsourced Process）

外包过程是指由外部组织履行的一部分组织功能（或过程）。

25. 周期性检修（Periodic Maintenance）

周期性检修是指用于防止发生重大意外故障的维护方法，此方法根据故障或中断历史，主动停止使用某一设备或设备子系统，然后对其进行拆卸、修理、更换零件和重新装配并恢复使用。

26. 预测性维护（Predictive Maintenance）

预测性维护是指通过对设备状况实施周期性或持续监视来评价在役设备状况的一种方法

或技术，以便预测应当进行维护的具体时间。

27．超额运费（Premium Freight）

超额运费是指合同交付之外发生的附加成本或费用。

注：它可能是由于方法、数量、未按计划或延迟交付等原因导致的。

28．预防性维护（Preventive Maintenance）

预防性维护是指为了消除设备失效和非计划性生产中断的原因而策划的定期活动（基于时间的周期性检验和检修），它是制造过程设计的一项输出。

29．产品（Product）

产品是指适用于产品实现过程产生的任何预期输出。

30．产品安全（Product Safety）

产品安全是指与产品设计和制造有关的标准，确保产品不会对顾客造成伤害或危害。

31．生产停工（Production Shutdown）

生产停工是指制造过程空闲的情况，时间跨度可从几个小时到几个月不等。

32．反应计划（Reaction Plan）

反应计划是指当检测到异常或不合格事件时，控制计划中规定的行动或一系列步骤。

33．外部场所（Remote Location）

外部场所是指支持现场且非生产过程的场所。

34．服务件（Service Part）

服务件是指按照 OEM 规范制造的，由 OEM 为服务件应用而采购或放行的替换件，包括再制造件。

35．现场（Site）

现场是指发生增值制造过程的场所。

36．特殊特性（Special Characteristic）

特殊特性是指可能影响产品的安全性或法律法规的符合性、配合、功能、性能、要求或产品后续过程的产品特性或制造过程参数。

37．特殊状态（Special Status）

特殊状态是指一种顾客识别分类的通知，分配给由于重大质量或交付问题，未能满足一项或多项顾客要求的组织。

38. 支持功能（Support Function）

支持功能是指对同一组织的一个（或多个）制造现场提供支持的（在现场或外部场所进行的）非生产活动。

39. 全面生产维护（Total Productive Maintenance）

全面生产维护是指一个通过为组织增值的机器、设备、过程和员工，维护并改善生产及质量体系完整性的系统。

40. 权衡曲线（Trade-off Curves）

权衡曲线是指用于理解产品各设计特性的关系并使其相互沟通的一种工具；产品一个特性的性能映射于 Y 轴，另一个特性的性能映射于 x 轴，然后可绘制出一条曲线，显示产品相对于这两个特性的性能。

41. 权衡过程（Trade-off Process）

权衡过程是指绘制并使用产品及其特性的权衡曲线的一种方法，这些特性确立了设计替代方案之间的顾客、技术及经济关系。

附录 B APQP 术语

1. 分配（Apportionment）

分配是指在 APQP 手册中作为可靠性工程的一部分，与术语可靠性分配是同义词。它是指将可靠性目标从系统向子系统分配，以使整个系统具有所需可靠性。

2. 基准数据（Benchmark Data）

基准数据是指确定竞争者和/或最佳公司怎样达到其性能水平的调查结果。

3. 材料清单（Bill of Material）

材料清单是指制造产品所需的所有零件/材料的总清单。

4. 特性矩阵图（Characteristics Matrix）

特性矩阵图是指用来表示过程参数和制造工位之间关系的分析技术。

5. 设计失效模式及后果分析（Design Failure Mode and Effects Analysis, DFMEA）

设计失效模式及后果分析是指负责设计的工程师/小组用来尽最大可能确保潜在的失效模式和相关的原因/机理已被考虑并记录的分析技术。

6. 可制造性和装配设计（Design for Manufacturability and Assembly）

可制造性和装配设计是指用来优化设计功能、可制造性和装配方便性之间关系的同步工程过程。

7. 设计信息检查表（Design Information Checklist）

设计信息检查表是指用来确保所有重要项目在制定设计要求时已被考虑的防错检查表。

8. 设计评审（Design Reviews）

设计评审是指里程碑式的检查点，以评审设计过程中的进展情况，一个积极主动的过程。

9. 设计确认（Design Validation）

设计确认是指通过客观证据确认特定的要求已全部满足。

保证产品符合规定使用者的需要和/或要求的试验。设计确认在成功的设计验证之后进行，通常在规定的操作条件下在最终产品上进行。如果产品具有不同期望的用途，则可以进行多项确认。

10. 设计验证（Design Verification）

设计验证是指通过客观证据确认，这些具体打算使用的要求已经得到满足。确保所有的设计输出满足设计输入要求的试验。设计验证可包括以下活动：

① 设计评审。

② 进行替换计算。

③ 了解试验。

在发放之前对设计阶段文件进行评审。

11．耐久性（Durability）

耐久性是指某项产品在其可用寿命期间，不会因磨损而需要拆检或大修，而能在顾客的期望水平上继续发挥功能的概率。

12．失效模式分析（Failure Mode Analysis，FMA）

失效模式分析是指用来分析当前和以往过程的失效模式数据，以防止这些失效模式将来再发生正式的结构化程序。

13．可行性（Feasibility）

可行性是指对过程、设计、程序或计划能否在所要求的时间范围内成功完成的确定。

14．有限元分析（Finite Element Analysis）

有限元分析是指复杂结构模型化的技术。当该数学模型在已知载荷条件下时，结构的变位可被确定。

15．改善（Kaizen）

改善取自日本语，KAI 表示变化之意，ZEN 表示良好之意，此词的通俗含义为对公司的所有领域进行不断地改进，不仅仅是质量。

16．维修性（Maintainability）

维修性是指某个失效的系统能在规定的间隔或停工期内恢复操作的概率。

17．包装（Packaging）

包装是指对产品提供保护和包装，并使之易于人工或机械搬运的单元。

18．传递的特性（Pass-through Characteristic）

传递的特性是指在供方过程中制造的，不需要修改或进一步确认而直接进入组织过程使用的特性。

19．初始材料清单（Preliminary Bill of Material）

初始材料清单是指在设计和图样文件发放之前完成的初始材料清单。

20．初始过程流程图（Preliminary Process Flow Chart）

初始过程流程图是指对某一产品预期的制造过程的早期描述。

21. 过程失效模式及后果分析（Process Failure Mode and Effects Analysis，PFMEA）

过程失效模式及后果分析是指由负责制造的工程师/小组为确保尽最大可能考虑并记录潜在的失效模式和相关的原因/机理而使用的分析技术。

22. 产品保证计划（Product Assurance Plan）

产品保证计划是产品质量计划的一部分。它是一种以预防为主的管理工具，涉及产品设计、过程设计以及必要的应用软件设计。

23. 试生产（Production Trial Run）

试生产是指使用所有正式生产工装、过程、装置、环境、设施和周期来生产产品。

24. 质量策划认定（Quality Planning Sign-off）

质量策划认定是指由产品质量策划小组对所有计划的控制和过程是否被执行的评审和承诺。

25. 可靠性（Reliability）

可靠性是指某项产品在某一观测点上，在规定的环境和工作负荷条件下，在顾客期望的水平上继续发挥功能的概率。

26. 可靠性分配（Reliability）

见"分配"。

27. 仿真（Simulation）

仿真是指用不同的、不相似的系统模拟某系统部分或全部行为的实践。

28. 同步工程（Simultaneous Engineering）

同步工程是指一种为确保可制造性并节省时间，通过使用横向职能小组，同步地设计产品和该产品制造过程的方法。

29. 特性（Characteristic）

特性是指由顾客指定的产品和过程特性，包括政府法规和安全特性，和/或由供方通过产品和过程的了解选出的特性。

30. 子系统（Subsystem）

子系统是指系统的一个主要部分，本身具有系统的特性，通常包含几个部件。

31. 系统（System）

系统是指由几个部件或部分设备组合起来，以执行某一特定功能的组合体。

32. 小组可行性承诺（Team Feasibility Commitment）

小组可行性承诺是指由产品质量策划小组对所做的设计能以可接受的成本，按时并以足够的数量被制造、装配、试验、包装和装运的承诺。

33．进度计划（Timing Plan）

进度计划是指将使产品满足顾客和期望的任务、分配和事件的进度列出的计划。

34．价值工程/价值分析（Value Engineering/Value Analysis）

价值工程/价值分析是指焦点放在规定的产品设计和过程特性上，用来解决问题的、有计划的和清单式的方法。如在生产已开始后用价值分析来提高价值，在支付设施和工装费用之前使价值工程达到最大值。

35．顾客的声音（Voice of the Customer）

顾客的声音是指顾客积极和消极两方面的反馈，包括顾客的好恶、问题和建议。

36．过程的声音（Voice of the Process）

过程的声音是指反馈给予过程有关人员的统计数据，以决定过程的稳定性和/或作为持续改进工具的能力。

附录 C 控制图常数和公式

控制图的常数和公式表见附表 C-1。

附表 C-1 控制图的常数和公式表

子组容量	$\overline{X}-R$ 图				$\overline{X}-S$ 图			
	均值 $\overline{X}$ 图	全距 R 图			均值 $\overline{X}$ 图	标准差 S 图		
	计算控制限用的系数	估计标准差用的除数	计算控制限用的系数		计算控制限用的系数	估计标准差用的除数	计算控制限用的系数	
n	A_2	d_2	D_3	D_4	A_3	c_4	B_3	B_4
2	1.880	1.128	—	3.267	2.659	0.7979	—	3.276
3	1.023	1.693	—	2.571	1.954	0.8862	—	2.568
4	0.729	2.059	—	2.282	1.628	0.9213	—	2.266
5	0.577	2.326	—	2.114	1.427	0.9400	—	2.089
6	0.483	2.543	—	2.004	1.287	0.9515	0.030	1.970
7	0.419	2.704	0.076	1.924	1.182	0.9594	0.118	1.882
8	0.373	2.847	0.136	1.864	1.099	0.9650	0.185	1.815
9	0.337	2.970	0.184	1.816	1.032	0.9693	0.239	1.761
10	0.308	3.078	0.223	1.777	0.975	0.9727	0.284	1.716
11	0.285	3.173	0.256	1.744	0.927	0.9754	0.321	1.679
12	0.266	3.258	0.283	1.717	0.886	0.9776	0.354	1.640
13	0.249	3.336	0.307	1.693	0.850	0.9794	0.382	1.618
14	0.235	3.407	0.328	1.672	0.817	0.9810	0.406	1.594
15	0.223	3.472	0.347	1.653	0.789	0.9823	0.428	1.572
16	0.212	3.532	0.363	1.637	0.763	0.9835	0.448	1.552
17	0.203	3.588	0.378	1.622	0.739	0.9845	0.446	1.534
18	0.194	3.640	0.391	1.608	0.718	0.9854	0.482	1.518
19	0.187	3.689	0.403	1.597	0.698	0.9862	0.497	1.503
20	0.180	3.735	0.415	1.585	0.680	0.9869	0.510	1.490
21	0.173	3.778	0.425	1.575	0.663	0.9876	0.523	1.477
22	0.167	3.819	0.434	1.566	0.647	0.9882	0.534	1.466
23	0.162	3.858	0.443	1.557	0.633	0.9887	0.545	1.455
24	0.157	3.895	0.451	1.548	0.619	0.9892	0.555	1.445
25	0.153	3.931	0.459	1.541	0.606	0.9896	0.565	1.435
中心线	$CL_{\overline{X}} = \overline{\overline{X}}$	$CL_R = \overline{R}$			$CL_{\overline{X}} = \overline{\overline{X}}$	$CL_S = \overline{S}$		

（续）

	$\overline{X}-R$ 图				$\overline{X}-S$ 图			
	均值 $\overline{X}$ 图	全距 R 图			均值 $\overline{X}$ 图	标准差 S 图		
子组容量	计算控制限用的系数	估计标准差用的除数	计算控制限用的系数		计算控制限用的系数	估计标准差用的除数	计算控制限用的系数	
n	A_2	d_2	D_3	D_4	A_3	c_4	B_3	B_4
控制限	$UCL_{\overline{x}}=\overline{\overline{X}}+A_2\overline{R}$　$LCL_{\overline{x}}=\overline{\overline{X}}-A_2\overline{R}$ $UCL_R=D_4\overline{R}$　　$LCL_R=D_3\overline{R}$				$UCL_{\overline{x}}=\overline{\overline{X}}+A_3\overline{S}$　$LCL_{\overline{x}}=\overline{\overline{X}}-A_3\overline{S}$ $UCL_S=B_4\overline{S}$　　$LCL_S=B_3\overline{S}$			
估计 δ	$\delta=\overline{R}/d_2$				$\delta=\overline{S}/c_4$			

	中位数图				单值图			
	中位数 $\tilde{X}$ 图	全距 R 图			单值 X 图	全距 R 图		
子组容量	计算控制限用的系数	估计标准差用的除数	计算控制限用的系数		计算控制限用的系数	估计标准差用的除数	计算控制限用的系数	
n	$\tilde{A}_2$	d_2	D_3	D_4	E_2	d_2	D_3	D_4
2	1.880	1.128	–	3.267	2.660	1.128	–	3.267
3	1.187	1.693	–	2.574	1.772	1.693	–	2.574
4	0.796	2.059	–	2.282	1.457	2.059	–	2.282
5	0.691	2.326	–	2.114	1.290	2.326	–	2.114
6	0.548	2.534	–	2.004	1.184	2.534	–	2.004
7	0.508	2.704	0.076	1.924	1.109	2.704	0.076	1.924
8	0.433	2.847	0.136	1.864	1.054	2.847	0.136	1.864
9	0.412	2.970	0.184	1.816	1.010	2.970	0.184	1.816
10	0.362	3.078	0.223	1.777	0.975	3.078	0.223	1.777
中心线	$CL_{\tilde{x}}=\overline{\tilde{X}}$　　$CL_R=\overline{R}$				$CL_X=\overline{X}$　　$CL_R=\overline{R}$			
控制限	$UCL_{\tilde{x}}=\overline{\tilde{X}}+\tilde{A}_2\overline{R}$　$LCL_{\tilde{x}}=\overline{\tilde{X}}-\tilde{A}_2\overline{R}$ $UCL_R=D_4\overline{R}$　　$LCL_R=D_3\overline{R}$				$UCL_X=\overline{X}+E_2\overline{R}$　$LCL_X=\overline{X}-E_2\overline{R}$ $UCL_R=D_4\overline{R}$　　$LCL_R=D_3\overline{R}$			
估计 δ	$\delta=\overline{R}/d_2$				$\delta=\overline{R}/d_2$			

附录 D　APQP 常用缩略语简表

缩略语	英文	中文
AAR	Appearance Approval Report	外观批准报告
A/D/V	Analysis/Development/Validation	分析/开发/验证
AIAG	Automotive Industries Action Group	美国汽车工业行动集团
APQP	Advanced Product Quality Planning	产品质量先期策划
AQC	Attribute Quality Characteristics	属性质量特性
AQE	Advanced Quality Engineer	先期质量工程师
ANPQP	Alliance New Product Quality Procedure	联合新产品质量程序
ANOVA	Analysis of Variance	方差分析法
BIW	Body in White	白车身
BOM	Bill of Materials	材料清单
BOP	Bill of Process	过程清单
CAM	Computer Aided Manufacturing	计算机辅助制造
CAMDS	China Automotive Material Date System	中国汽车材料数据系统
CAD	Computer Aided Design	计算机辅助设计
CAE	Computer Aided Engineering	计算机辅助工程
CAS	Computer Aided Styling	计算机辅助造型
CAR	Corrective Action Report	纠正措施报告
CC	Critical Characteristic	关键特性
CCC	China Compulsory Certification	中国强制认证
CFT	Cross Functional Team	多方论证小组
C_{MK}	Machine Capability Index	设备能力指数
CMM	Coordinate Measuring Machine	三坐标测试仪
CP	Control Plan	控制计划
C_{PK}	Process Capability index	过程能力指数
CPL	The Lower Capability Index	能力指数下限
CPM	Critical Path Method	关键路径法
CPU	The Upper Capability Index	能力指数上限
CPV	Cost Per Vehicle	单车索赔费用

（续）

缩略语	英文	中文
	APQP 常用缩略语简表	
CS	Customer Satisfaction	客户满意度
CTS	Component Technical Specifications	零部件技术规范
C/F	Checking Fixture	检具
C/T	Cycle Time	周期工时
DCP	Dimension Control Plan	尺寸控制计划
DCP	Dynamic Control Plan	动态控制计划
DFA	Design for Assembly	可装配性设计
DFM	Design for Manufacture	可制造性设计
DFMEA	Design Failure Mode and Effects Analysis	设计失效模式及后果分析
DFR	Design for Service	面向服务的设计
DFS	Design for Recycling	面向重用的设计
DOE	Design of Experiment	试验设计
DSR	Design Study Request	设计研究请求书
DVP&R	Design Validation Plan and Report	设计验证计划和报告
DV	Design Validation	设计验证
DRE	Design Release Engineer	设计发布工程师
EC	Engineering Change	工程变更
ECR	Engineering Change Request	工程变更请求
ECN	Engineering Change Notice	工程变更通知书
ECO	Engineering Change Order	工程变更指令
EDI	Electronic Data Interchange	电子数据交换
EP	Engineering Pilot	工程试制
EPC	Early Production Containment	早期生产遏制
ES	Engineering Specification	工程规范
EWO	Engineering Work Order	工程更改
FAI	First Article Inspection	首件检验
FE	Function Evaluation	功能评估
FEA	Finite Element Analysis	有限元分析
FEA	Failure Effects Analysis	故障影响分析
FMA	Failure Mode Analysis	故障模式分析
FMEA	Failure Mode and Effects Analysis	失效模式及后果分析
FTA	Fault Tree Analysis	故障树分析
FTC	First Time Capability	首次能力

（续）

缩略语	英文	中文
FTQ	First Time Quality	直通率（一次送检合格率）
FTT	First Time Through	首次合格率
FTY	First Time Yield	首次通过率
GD&T	Geometric Dimensioning & Tolerancing	几何尺寸与公差
GR&R/GRR	Gage Repeatability and Reproducibility	量具的重复性与再现性
GPDS	Global Product Development System	全球产品开发系统
GVDP	Global Vehicle Development Process	全球车辆开发流程
IATF	International Automotive Task Force	国际汽车工作组
ISIR	Initial Sample Inspection Report	初期样品检验报告
IPTV	Incidents Per Thousand Vehicles	千台车故障率
IMDS	International Material Data System	国际材料数据库
KCC	Key Control Characteristic	关键控制特性
KCDS	Key Characteristics Designation System	关键特性指示系统
KPC	Key Product Characteristic	关键产品特性
KPI	Key Performance Indicator	关键绩效指标
LCL	Lower Control Limit	控制下限
LSL	Lower Specification Limit	工程规范下限
LO	Line Off	下线
MP	Mass Production	批量生产
MRP	Materials Requirement Planning	物料需求计划
MRB	Material Review Board	物料评审
MRD	Material Receive Date	原料到货日期
MSA	Measurement Systems Analysis	测量系统分析
MSDS	Material Satety Date Sheet	化学品安全技术说明书
NDA	Non Disclosure Agreement	保密协议
OEE	Overall Equipment Effectiveness	全局设备效率/设备综合效率
OEM	Original Equipment Manufacturer	原始设备制造商（整车企业）
OS	Operator Safety	操作人员安全性
OTS	Off Tooling Sample	正式工装/模具生产样品
PC&L	Production Control and Logistics	生产控制和物流
PDCA	Plan，Do，Check，Act	计划，执行，检查，行动（戴明环）
PDM	Product Date Management	产品数据管理
PDSA	Plan，Do，Study，Act	计划，执行，研究，行动（戴明环）

表头：APQP 常用缩略语简表

（续）

APQP 常用缩略语简表		
缩略语	英文	中文
PDT	Product Development Team	产品开发团队
PE	Product Engineer	产品工程师
PERT	Program Evaluation and Review Technique	计划评审技术
PFC	Process Flow Chart	过程流程图
PFD	Process Flow Diagram	工艺流程图
PFMEA	Process Failure Mode and Effects Analysis	过程失效模式及后果分析
PLM	Product Lifecycle Management	产品生命周期管理
PM	Product Manager	产品经理
PM	Project Manager	项目经理
PMO	Project Management Office	项目管理办公室
PP	Pilot Production	小批量试产
PPAP	Production Part Approval Process	生产件批准程序
PPM	Parts Per Million	百万分率
P_{PK}	The Performance Index	性能指数
PPL	The Lower Performance Index	性能指数下限
PPU	The Upper Performance Index	性能指数上限
PQC	Product Quality Characteristic	产品质量特性
PQC	Process Quality Control	过程质量控制
PQP	Product Quality Planning	产品质量策划
PQPT	Product Quality Planning Team	产品质量策划小组
PRR	Problem Resolving Report	问题解决报告
PR&R	Problem Reporting and Resolution Procedure	问题报告与解决程序
PSA	Potential Supplier Assessment	潜在供应商评审
PSO	Process Sign – Off	过程认可
PSW	Part Submission Warrant	零件提交保证书
PTC	Pass Through Characteristic	传递特性
PTR	Production Trial Run	试生产
PVP&R	Production Validation Plan and Report	产品验证计划与报告
PV	Production Validation	产品验证
QA	Quality Assurance	质量保证
QC	Quality Control	质量控制
QE	Quality Engineer	质量工程师
QFD	Quality Function Deployment	质量功能展开

（续）

\multicolumn{3}{c}{APQP 常用缩略语简表}		
缩略语	英文	中文
QM	Quality Manage	质量管理
QSA	Quality System Audit	质量系统评审
QSR	Quality System Requirement	质量体系要求
QOS	Quality Operating System	质量运行系统
QR	Quality Record	质量记录
QR	Quick Response	快速反应
R@R	Run at Rate	按节拍生产
RASIC	Responsible, Approve, Support, Inform, Consult	负责，批准，支持，通报，咨询
RFQ	Request for Quotation	报价请求
RPN	Risk Priority Number	风险顺序数
SC	Significant Characteristic	重要特性
SDE	Supplier Development Engineer	供应商开发工程师
SDS	System Design Secification	系统设计规格
SE	Synchronization Engineering/Simultaneous Engineering	同步工程
SFMEA	System Failure Mode and Effects Analysis	系统失效模式及后果分析
SOP	Start of Production	正式生产
SOR	Statement of Requirements	要求声明
SOW	Statement of Work	工作说明书
SPC	Statistical Process Control	统计过程控制
SQ	Supplier Quality	供应商质量
SQA	Supplier Quality Assurance	供应商品质保证
SQE	Supplier Quality Engineer	供应商质量工程师
STS	Ship to Stock	直接入仓（免检）
SREA	Supplier Request for Engineering Approval	供方工程批准申请
SQIP	Supplier Quality Improvement Process	供应商质量改进过程
SSTS	Sub – System Technical Specifications	子系统技术规范
TA	Technology Assessment	技术评估
TGR	Things Gone Right	运行状况良好
TGW	Things Gone Wrong	运行状况不良
TQM	Total Quality Management	全面质量管理
TR	Technical Review	技术评审

（续）

APQP 常用缩略语简表		
缩略语	英文	中文
TS	Technical Specification	技术规范
T/T	Take Time	节拍时间
UCL	Upper Control Limit	控制上限
USL	Upper Specification Limit	工程规范上限
VDP	Vehicle Development Process	车辆开发流程
VOC	Volatile Organic Compounds	挥发性有机化合物
VLE	Vehicle Line Executive	车辆平台
VTS	Vehicle Technical Specification	整车技术规范
VE/VA	Value Engineering/Value Analysis	价值工程/价值分析
WBS	Work Breakdown Structure	工作分解结构
WWP	World Wide Purchasing	全球采购

参 考 文 献

[1] International Automotive Task Force. Quality Management System Requirements for Automotive Productionand Relevant Service Parts Organizations：IATF 16949 [S].2016.

[2] 戚安邦. 项目管理学 [M]. 天津：南开大学出版社，2014.

[3] 王祖和. 项目质量管理 [M]. 北京：机械工业出版社，2009.

[4] 敖景. 过程管理方法 [M]. 北京：中国标准出版社，2011.

[5] ISO. 质量管理体系基础和术语：ISO 9000：2015 [S].2015.

[6] 郑嵩祥，柴邦衡. ISO/TS 16949 国际汽车供应商质量管理体系解读和实施 [M]. 北京：机械工业出版社，2005.

[7] 周禄新，韩天锡，魏雪丽. 管理数量方法 [M]. 西安：西北工业大学出版社，2006.

[8] 克罗潘伯格，等. 项目领导力 [M]. 北京广联达慧中软件技术有限公司，译. 北京：机械工业出版社，2006.

[9] 卢向南. 项目计划与控制 [M]. 北京：机械工业出版社，2009.

[10] 郭富才. 用 Microsoft Project 2002 管理项目实务 [M]. 北京：机械工业出版社，2004.

[11] 张维君，王君. 人员招聘与配置 [M].2 版. 北京：电子工业出版社，2010.

[12] 葛玉辉. 员工培训与开发 [M]. 北京：清华大学出版社，2014.

[13] 马逢时. 六西格玛管理统计指南 [M]. 北京：中国人民大学出版社，2013.

[14] 国家质量技术监督局. 常规控制图：GB/T 4091—2001 [S].2001.